Schmalz J. H.

Ciceros Reden

Erster Teil

Schmalz J. H.

Ciceros Reden
Erster Teil

ISBN/EAN: 9783337373900

Hergestellt in Europa, USA, Kanada, Australien, Japan

Cover: Foto ©Paul-Georg Meister /pixelio.de

Weitere Bücher finden Sie auf **www.hansebooks.com**

Ciceros Reden.

Auswahl für den Schulgebrauch

bearbeitet und erläutert

von

J. H. Schmalz,
Direktor des Gymnasiums zu Rastatt.

Erstes Heft:
Die Rede gegen Quintus Cäcilius.
Die Rede über den Oberbefehl des Gnäus Pompejus.

Kommentar.

BIELEFELD und LEIPZIG.
VERLAG VON VELHAGEN & KLASING.
1895.

IN Q. CAECILIUM DIVINATIO.

Kap. 1. § 1. causis iudiciisque publicis] Henbiabyoin: „öffentliche Prozesse“; versari in: „führen.“ — defenderim] vom Standpunkt des Sprechenden aus gesagt; unabhängig defendi. — descendere] wie bei Cäsar Bell. Gall. V 29, 5 ad omnia descendere = „sich verstehen, entschließen zu“; wird gebraucht von Dingen, die uns hart ankommen. — causam rationemque] Henbiabyoin: „inneren Grund zu“. — id, quod facio] im Deutschen ein Substantiv: „meine ..“. — actorem] Prädikativum: „als ..“.

§ 2. itaque decessissem, ut .. relinquerem] decessissem ist unterzuordnen: „und bei meinem .. zurückließ“. — iucundam diuturnamque] que für uns überflüssig; diuturnam: „auf die Dauer“. — factum est, uti] Umschreibung wie feci ut, bleibt bei der Übersetzung weg. — veteribus patronis] so die Marcelli, Scipiones und Metelli. — cum .. tum] „wenn auch .., so doch immerhin“. — constitutum esse] „beruhe, zu finden sei“. — populati atque vexati] ersteres durch die avaritia, letzteres durch die crudelitas des Verres: „ausgeplündert und ..“; populati passivisch, wie in § 7. — omnium] auf Siculi zu beziehen; also suarum omnium = „von ihnen allen.“ — causam defensionemque] „Verteidigung in dem Rechtsstreite.“ — si quod

tempus, quo tempore] wie bei Cäfar Bell. Gall. I 16, 5 diem
instare, quo die; überſetze: „der Fall, wo". — non defu-
turum] wie bei Cäfar Bell. Gall. V 33, 2 communi saluti
nulla in re deerat, = „es an ſich nicht fehlen laſſen".

§ 3. vitam salutemque] Hendiadyoin: Exiſtenz; die
Steigerung gegenüber commoda drücke durch „geradezu" vor
„Exiſtenz" aus. — ne deos quidem] Verres hatte auch die
Standbilder der Götter aus den Tempeln geraubt. — eorum
simulacra] eorum, nicht suis ſagt Cicero von ſeinem Standpunkt
aus. — luxuries, crudelitas, avaritia, superbia] ſind die .
Haupteigenſchaften des Verres; vgl. zu § 2 populati atque
vexati. — illos] nicht se, wie vorher eorum für suis; überſetze: „die Bitten derjenigen, . . ."

Kap. 2. § 4. acerbe] graviter oder acerbe fero „es
geht mir nahe". — in eum locum adduci] „in die Lage",
und zwar, wie aut . . aut zeigt „in die Alternative verſetzt
werden". — opem atque auxilium] „hilfreichen Beiſtand". —
me . . dedissem] se dare ad „ſich einer Sache hingeben, ſich
widmen". — homines] wird nicht überſetzt; vgl. den Gegenſatz
ad accusandum. — praesertim] nur .in Verbindung mit cum,
si, qui, = „der noch dazu". — sua provincia] sua in Bezug
auf die Sizilier. — quo] adverſatives Aſyndeton: „aber das . .,
durch welches . .". — hoc] näml. ut accusarem Verrem.

§ 5. officio] „Pflichtgefühl". — fide] vgl. § 2 me saepe
esse pollicitum, alſo = „Verſprechen" (ſo auch bei Cäfar Bell.
Gall. I 3, 8 und V 6, 6). — tempore] wie ſonſt tempora =
„Lage, Verhältniſſe"; non ex . ., sed ex . . tempore
„nicht wie es mir paßte, ſondern wie es . . verlangten". — ne-
gotio] negotium oft = res, alſo quo in negotio = qua in
re = „hierin". — quae videtur esse] im Deutſchen ein Adjektiv. — non potius . . quam] = „vielmehr als" mit Umſtellung

ber Begriffe accusatio und defensio. — mortales] in Verbindung mit multi ober omnes = homines. — provinciam]
bie Steigerung ber Begriffe ist burch ein vorgesetztes „ja"
auszubrücken. — videor] wie sonst mihi videor = „glaube
ich". — discedere] „abgehen von".

§ 6. Dieser § 6 besteht aus einer Periobe, beren Nachsatz mit quis tandem beginnt. — causam] „Grund". —
idoneam, illustrem] weil entsprechenb seiner consuetudo
defendendi unb hervorragenb burch bie Wichtigkeit bes
Prozesses. — si] „wenn ferner". — causa tantae necessitu-
dinis] wie magnum vinculum „ein enges Banb", so ist tanta
necessitudo „eine so nahe Beziehung"; causa bient zur Erweiterung bes Ausbrucks unb fällt bei ber Übersetzung weg.
— intercederet] wie bei Cäsar Bell. Gall. I 43, 6 = „habe,
stehe in . . zu . .". — et] „ich vielmehr"; abversatives et. —
cupiditate . . praeditus] übersetze burch bie ben Substantiven
entsprechenben Abjektiva. — cuius] „von welchem". — maxima
turpissimaque] Präbikativa.

Kap. 3. § 7. pro . . fidem] Beteuerungsformel, ber
Akkusativ fidem hängt von einem zu benkenben testor ab;
deum = deorum; pro ist Interjektion, = „ich rufe . . . zu
Zeugen an". — sociis exterisque nationibus] faßt wie bas
nachfolgenbe socii stipendiariique bie burch Bünbnis Rom
unterworfenen unb bie im Unterthanenverhältnis stehenben
Provinzbewohner zusammen; vgl. § 66 quae in amicitiam
populi Romani (= socii) dicionemque (= stipendiarii)
essent. — populatae] in passivem Sinne; populari unb vexare
gehen hier auf ben Amtsmißbrauch ber Provinzialbeamten
überhaupt. — afflicti, miseri] steigernbes Asynbeton. — so-
lacium] burch Bestrafung ber schulbigen Beamten.

§ 8. apud ordinem senatorium] bieser hatte burch Sulla

1*

das ius iudicandi wieder erhalten. — accusatores idoneos]
da nur junge, unerfahrene Männer sich der Gehässigkeit und
Last des Anklagens unterzogen. — affectus est] „zu erleiden
hat", näml. infolge der Sullanischen Einrichtungen, welche
z. B. das Tribunat sehr einschränkten und für viele Verlust des
Bürgerrechts oder des Vermögens brachten. — vim gravi-
talemque] Hendiadyoin: „nachdrücklichen Ernst". — efflagitata
est] durch Pompejus, welcher dem Tribunat seine früheren
Rechte zurückzugeben wünschte. Die Sehnsucht nach Gerichtshöfen, die es mit ihrer Aufgabe Ernst nehmen, führte das
bringende Verlangen (efflagitare) nach Wiederherstellung des
Tribunats herbei. — ordo alius] der Ritterstand, welcher von
Gajus Grakchus die iudicia erhalten und bis auf Sulla be-
hauptet hatte. — ad res iudicandas] „für Ausübung .. ". —
censorium nomen] die Beseitigung der Censur durch Sulla
hatte diese früher für das Volk drückende Einrichtung volks-
tümlich gemacht, noch mehr das schimpfliche Benehmen vieler
Senatoren, deren Entfernung aus den Gerichtshöfen durch die
Censur man herbeiwünschte. — id] nimmt das Subjekt noch
einmal auf; fällt bei der Übersetzung weg.

§ 9.   iudiciorum] „Gerichtshöfe". — offensione] Anstoß,
den der Senat erregt hat, = „Mißtrebit". — ut] erklärender
Zusatz, = „wenn .. ". — integri] bezieht sich auf die mora-
lische Integrität: „unbescholtene". — sublevandae] „welcher
. . bedarf". — quae ... laboraret] „den . . . heimgesuchten".

§ 10. quoniam] Übergang zu einem neuen Teil: „nachdem". — adductus] wird Hauptverbum, accesserim davon
abhängiger Infinitiv. — contentione] „Wettstreit" mit Quintus
Cäcilius. — quid sequi possitis] substantivisch: „Anhaltspunkte".
— de .. repetundis] oder repetundarum, eigentlich um sein
Geld zurückzuverlangen, = „wegen Erpressungen". — nomen ..

deferatur] nomen alicuius deferre „jemanben anklagen". —
si] verbinbe „unb wenn". — haec duo] „biefe beiben Punkte".
Kap. 4. § 11. et de eo prius] im Deutfchen abverfativ:
„aber . . ". — quorum] begrünbenbes Relativ: „benn . . ".
— iudicium] „bas gerichtliche Verfahren". — adsunt, querun-
tur] kopulatives Afynbeton. — ad meam fidem] „zu meinem
Schutz". — defensorem . . ultorem] „Verteibiger in . .,
Rächer für . . ". — cognitorem] cognitor heißt berjenige,
welcher einen anberen in beffen Gegenwart vor Gericht ver-
tritt. Die Sikuler beburften einer folchen Vertretung als
peregrini.

§ 12. gravem] „von Gewicht". — non praeiudicium,
sed plane indicium] bie Thatfache, baß bie Sikuler einen
Vertreter ihrer Sache fuchen, gilt nicht als eine Art von Vor-
entfcheibung gegen Verres, fonbern gerabezu als Verurteilung
besfelben. — ita percrebruit] „bie Nachricht fich verbreitete".

§ 13. in consilio] Gajus Marcellus ift Mitglieb bes
Gerichtshofes. — adesse] ber eigentliche Ausbruck für ben
Beiftanb vor Gericht. — fide atque praesidio] Henbiabyoin:
„treuer Schutz". — adiuncta est] „verknüpft ift".

§ 14. officium necessitudinis] bie Pflicht, bie auf unferen
nahen Beziehungen beruht. — repudiandum] nämlich fuerit,
= „hintanfetzen". — aut obscura] „ober auch nur . . ". —
praesentes] „perfönlich". — praeter duas civitates] Kürze
bes Ausbrucks für praeter duarum civitatum, näml. ber Ma-
mertiner unb Syrakufaner. — quarum duarum] abhängig von
legationes. — Verri] Dativ ber thätigen Perfon; communi-
care: „gemeinfchaftlich begehen", crimina: „Anfchulbigung von
Vergehungen".

§ 15. at enim] ἀλλὰ γάρ, „aber . . benn . ."; at
leitet einen Einwurf ein. — petissent necne] inbirekte Doppel-

frage. — nunc vero] nach einem Irrealis zur Einführung
der Wirklichkeit: „so aber". — id] näml. Siculos a me
petisse.

§ 16. non pono] „ich spreche nicht aus". — relinquo]
„ich lasse . . auf der Vermutung". — temporis] „Lage".
— ad agendum] abhängig von facultatis. — ducta est] rationem ducere = rationem habere „in Berechnung ziehen,
berücksichtigen". — de iis] abhängig von quemvis.

Kap. 5. § 17. reliquum est] im Deutschen beginne mit
cum hoc constet. — animosque vestros] explikatives que:
„das heißt in . . ". — repetundo] repetere etwas in An-
spruch nehmen, was einem gebührt. — supplices vestri] „die
euch . . ." — quin] weil quasi vero dubium sit einen verneinenden Sinn hat.

§ 18. ereptae sunt] im Deutschen nicht Perfekt. — ci-
vili actione] mit Anwendung der unter Bürgern üblichen
Klageform. — privato iure] während die Sikuler publico iure
res repetunt. — repetuntur] „wird zurückverlangt". — haec
lex] adversatives Asynbeton. — hanc arcem] arx von arceo,
also = „Abwehr", munitam: „gesichert". — quam antea]
vor Sulla, wo die equites Romani Richter waren. — cuius
legis] näml. custodes.

§ 19. lege agi] von lege agere (legis actio), der ältesten
Form des römischen Rechts, „Klage zu erheben". — quod
auri] „alles . . welches". — sedibus] „Wohnsitze", allgemeiner als urbibus. — iuris] abhängig von quod. — bene-
ficio] „durch die Vergünstigung". — quo nomine] nomen =
„Titel, Rechtstitel"; eo nomine oft = ea causa. — sestertium
miliens] 1000 $\times$ 100000 = 100000000 Sesterzen = ungefähr 20 Millionen Mark.

§ 20. aut adspirare] „oder auch nur . ."; adspirare,

nur in negativen Sätzen gebraucht, = „sich hinwagen"; au-
dere: „den Mut besitzen".

Kap. 6. qui sis] nicht quis sis; denn es handelt sich
um bie Befähigung, nicht um den Namen des Anklägers. —
cuivis probare] probare alicui aliquid = jemanbem etwas
glaublich machen, mit etwas bei jemanb Glauben finben. —
nunc] wie in § 15 nach bem Irrealis. — nolle] näml. se.

§ 21. satis] „beutlich genug". — offeres] se offerre =
„sich aufbrängen". — aliena causa] ist bie Sache eines anberen,
bie uns also nichts angeht. — operam] Mühewaltung, Dienste.
— velle sua causa] velle (cupere) alicuius causa jemanbem geneigt sein. — si cupias] einfaches si, wie öfters, in konzessivem
Sinn, = „selbst wenn .. ". — exiguam] „bie ohnehin schon
. .". — habent .. positam] sie haben bie Hoffnung als eine
auf ... beruhenbe, = „welche ... beruht". — interponis]
ähnlich wie oben offeres „sich aufbrängen" = „sich bazwischen-
brängen" unb zwar zwischen lex et iudicium unb bie Sikuler.
— consultum esse vult] volo consultum (esse) = „ich will
gesorgt wissen". — non optime] ironische Litotes, = pessime.
— fortunis .. evertere] ober fortunis exturbare = „vertreiben
aus .. ". — deplorandae calamitatis] wirb burch bas folgenbe
nam te actore quem eorum adfuturum putas erklärt; wenn
sie aber vor Gericht nicht erscheinen, können sie auch nicht ihr
Unglück vor aller Welt beklagen.

§ 22. per te .. ulciscantur] ba Cäcilius unb sein
Bruber gewissermaßen Mitschulbige bes Verres sinb (vgl.
§ 29 unb § 32), so ist Cäcilius nicht ber geeignete Mann,
burch bessen Vermittelung bie Sikuler Rache an ihrem Be-
bränger nehmen könnten.

Kap. 7. at enim] „aber .. ja .."; Übergang zum zweiten
Punkt bes ersten Teils ber Beweisführung. — solum id est,

ut] „bies allein ift ber Fall . .". — credo] ironifch. — de honore, de salute] Ehre und Exiftenz find die Güter, um beren Erhaltung der Menfch fich am meiften anftrengt. — delatio] näml. nominis; benn Cicero will Verris nomen deferre, „ben Verres anklagen". — multa] im Deutfchen mit fubftantivifcher Beifügung: „viele Eigenfchaften".

§ 23. id quod ... assentiare] ber Konjunktiv ift veranlaßt burch bas konfekutive Verhältnis bes Relativfatzes zum Haupt- fatze: „worin bu .. mußt". — contemnat] contemnere ift nicht = „verachten" (despicere), fonbern = „fich aus etwas nichts machen, es gering achten". — ille] Hortenfius. — suffragatur] suffragari (von suffragium) „bei ber Wahl begünftigen", bann überhaupt „begünftigen". — offensione] von offendere anftoßen, Anftoß erregen; alfo „ohne .. unb .. zu erregen". — inquit] Hortenfius. — contendi] Tempus wie § 18 ereptae sunt. — quod cum dederis, illud dederis] beachte bie Fut. exact., für welche ber Lateiner in folchen Zufammenftellungen eine befonbere Vorliebe hat; im Deutfchen fetze bas Präfens.

§ 24. metus] foll als zweiter Faktor zur gratia hinzu- kommen, Einfchüchterung zur Gunftbuhlerei. — in consilio] näml. iudicum; certos: „zuverläffige Perfonen". — constituere] näml. accusatorem; bie Abftimmung ber Richter über bie Perfon bes Anklägers finbet alfo auf einmal ftatt. — ceratam tabellam] Wachstafel, auf welche jeber einzelne Richter ben Namen besjenigen fchrieb, ben er als Ankläger wünfchte. — cerâ legitimâ] biefe war einfarbig; in einem früheren Falle aber hatte Hortenfius ben beftochenen Richtern tabellae von verfchiebener Farbe einhänbigen laffen, um fo zu erkennen, wie ber einzelne abgeftimmt habe. — atque is] Hortenfius. — pueris nobilibus] ftarker Ausbruck für adulescentes nobiles; Seitenhieb auf bie Nobilität, als ob bie „vornehmen jungen

Herren" allein ſich aufs Anklagen verlegt hätten. — elusit]
mit benen er ſpielenb fertig geworben iſt. — quadruplatoribus]
quadruplator iſt urſprünglich ein Ankläger in politiſchen Pro=
zeſſen, ber ben vierten Teil ber Güter bes von ihm angezeigten
Verurteilten erhielt. Später aber verſtanb man unter quadruplator einen Ankläger von Profeſſion, ber lebiglich aus
Gewinnſucht Anklage erhob. — dominari] Hortenſius galt in
bieſer Zeit für unbeſiegbar vor Gericht; er übte ſomit eine
unbeſchränkte Herrſchaft aus, bie aber nach Ciceros Anſicht
unter ben veränberten Verhältniſſen nicht mehr länger beſtehen
könnte.

Kap. 8. § 25. denuntio] „ſtelle in Ausſicht". — rationem
defendendi] ſein ganzes Verfahren in ber Verteibigung. — et
ita mutandam] mutandam wirb für uns überflüſſig; vgl. S. 26
zu § 7 regnat. — condicione] condicio iſt bie mit ber Lebens=
ſtellung übereinſtimmenbe Weiſe. — vidit] „erlebt hat"; amplis-
simos ziehe zu homines. — iudicia causasque] vgl. zu § 1. —
fidem] „Gewiſſenhaftigkeit". — nihil erit, quod] von est quód
„ich habe Grunb zu . .". — me agente] b. h. wenn ich ben
Prozeß ber Sikuler führe. — periculo] benn bie beſtochenen
Richter würbe Cicero vor Gericht ziehen.

§ 26. receptam, susceptam] recipere = „pflichtgemäß
übernehmen", suscipere = „ohne Zwang nach freier Wahl auf
ſich nehmen". — flagitat] „bringenb verlangt". — exstinguenda
atque delenda] Henbiabyoin: „vollſtänbig . . ". — enib] iſt
ber Beginn ber Hanblung gegenüber perficere; alſo „anſtreben".
— in spe] im Deutſchen Dativ ober Jnfinitiv. — in oratione
ponere] „ausbrücklich ausſprechen"; vgl. § 16.

§ 27. Hier beginnt ber zweite Teil ber Beweisführung.
— non modo .., sed] „ich will nicht ſagen .., ſonbern überhaupt . . ". — quid negotii] „welche Aufgabe". — alterius]

Genetiv zu alius. — in animis iudicum] wir sagen: „den Richtern vor . . zu führen".

Kap. 9. cognosce] „laß dir sagen". — quoniam . . nactus es] im Deutschen zwei Sätze: „weil dies . . ist, welche . ." — multa] wie Kap. 7 § 22. — unum aliquod] „auch nur . .". — primum] näml. oportet esse in eo, qui accuset.

§ 28. animum advertere] gewöhnlicher ist das eine Wort animadvertere. — Siculos hoc dicere] abhängig von dicam. — te actore] „wenn du . ."; vgl. § 25. — patere] von patior. — hominum genus] wie bei Cäsar Bell. Gall. VII 22, 1; = „Menschenschlag". — nimis acutum] „der es allzu scharf nimmt und . .". — deportare . . asportare] deportare = „aus der Provinz nach Rom bringen"; asportare = „beseitigen". — consignata sit] zusammensiegeln, im nämlichen Briefe niederlegen.

§ 29. deinde] entspricht dem primum in § 27. — firmum] „fest", der sich nicht abbringen läßt; verum = „ehrlich" d. h. ein wirklicher und kein Scheinankläger. — si putem] wie § 21 si cupias konzessiv: „auch wenn . .". — in gratiam redisse] „sich versöhnen". — lectissimum atque ornatissimum] „vortrefflich und ausgezeichnet", ironisch aufzufassen. — tuas iniurias] „die dir widerfahrenen . .", so daß tuus hier dem Genetivus objektivus entspricht. — hoc dico] „nur so viel . .". — si cupias] wie § 21.

§ 30. crimina] bei Cicero nie = „Verbrechen", sondern = „Anschuldigung von Vergehen". — societas] mihi est societas „ich bin verbündet".

Kap. 10. in cellam] cella Vorratskammer; in cellam dare, imperare = „für den Hausbedarf geben, verlangen"; ab aratoribus: „von den Zinsbauern", welche, wie Cicero Verr. V 53 sagt, agros publicos arant. — HS II] lies: sestertiis binis, Abl. pretii bei esse „kosten". — in modios singulos]

„für ein . .“; der modius betrug ungefähr 8³/₄ Liter. — hoc
tantum] tantus nach dem Pronomen demonstrativum = „groß“.
§ 31. tute] verstärktes tu. — recusare] „zurückweisen,
hindern“; daher folgt quo minus. — domestici periculi] do-
mesticum = quod domi habeo = was mir gehört, = „mein
eigen“.

§ 32. frumentum . ., pro quo frumento] besonders bei
Cäsar beliebte Wiederholung des Substantivums im Relativ-
satz, der Gerichtssprache entnommen, welche unzweideutigen
Ausdruck erstrebt; vgl. zu § 2 si quod tempus, quo tempore.
— tractabas] „verwaltetest“; der Quästor hatte in den Geldangelegenheiten weitgehende Befugnisse, sogar den Oberbeamten
gegenüber. — deductio] von deducere „abziehen, vermindern“,
Ausdruck der Geschäftssprache. — tua . . erat] „lag in . . “.
— vere] wie verus in § 29 = „aufrichtig, wirklich“.

§ 33. mancipes] manceps heißt derjenige, welcher vom
Volke etwas kauft oder pachtet; hier sind die „Pächter“ gemeint, welche den Getreidezehnten einzuziehen übernommen
hatten; dieser mußte in natura eingefordert werden, Ablösung
durch Geld war nicht gestattet. — ne fieret] für uns überflüssig. — relinques] „unbeachtet lassen, übergehen“. — audiet]
„zu . . bekommen“. — quod . . non reperiebat] beachte
den Satzbau; quod ist Objekt zu faciebat und zu defensurus
esset; = „für dessen Verteidigung er damals, als . ., keine
Möglichkeit . . .“

Kap. 11. in medio] in medio ponere = „vor aller
Augen hinstellen“. — credo] weist auf die feine Ironie des
Gedankens hin. — animos atque impetus] Hendiadyoin: „un-
gestümer Trotz“. — communicavit] „hat teilnehmen lassen“.

§ 34. indicium postulas dari] postulo mit passivem Infinitiv (Acc. c. inf.) ist klassisch; indicium dare = so die Er-

laubnis zur Anzeige eines anderen geben, daß der Angeber
selbst straflos ausgeht; indicium profiteri: sich zu einer solchen
Anzeige anbieten. — quod] nicht Pronomen. — concedas]
concedere alicui = zu Gunsten eines anderen zurücktreten.

§ 35. interfuturum sit] von interest „es besteht ein
Unterschied". — cum . . haberet] konzessiv. — quidem]
gehört zu ne. — praesertim tanta] da man nur praesertim
cum oder si verbindet, ist tanta = „wenn . . ist". —
ratio aut exercitatio] verhalten sich zu einander wie Theorie
und Praxis, = „Kenntnis und Übung".

§ 36. scopuloso] von scopulus Klippe; locus scopulosus
= „ein Gebiet, das reich an . . ist", wo man also leicht
anstoßen kann. — illa ingenii] „die des Talentes"; widerspricht
nicht der bekannten Regel, da illa stark hinweisend ist, = „die
hier vorliegende". — quidquid est] läßt es ganz dahingestellt,
wie groß die Meinung von Ciceros Begabung sei.

Kap. 12. § 37. de te] nachdrücklich vorangestellt, „was
. . anbelangt". — contentionem certamenque] beliebtes allitte-
rierendes Hendiadyoin: „nebenbuhlerischen Wettstreit". — collige
te] „sammle dich", „nimm dich zusammen". — de maximis
. . rebus] „wo es sich handelt um". — ius populi Romani]
da Verres sich auch gegen römische Bürger verging. — voce
. . ingenio] sind die Haupteigenschaften, die ein Redner haben
muß, aber in umgekehrter Reihenfolge, als sie zur Anwendung
kommen. — sustinere] „auf sich nehmen, bewältigen".

§ 38. in quaestura] „als Quästor". — criminibus] „nach
den Anklagepunkten". — facere] „fertig bringen". — acerba
et indigna] „schmerzlich und empörend". — senserunt] „haben
. . müssen".

§ 39. magna] „von großer Bedeutung"; daher nicht con-
temnenda; vgl. § 23. — graviter copioseque] graviter geht

auf den Inhalt, copiose auf den Ausdruck. — si quid agere]
agere ift in folchen Verbindungen = ausrichten, z. B. nihil,
non multum, aliquid agere. — perficiendum est] perficere
= facere in § 38. — Lilybaei] wo man ein fchlechtes Grie-
chifch fprach. — in Sicilia] bas Provinziallatein war nicht
gut; echtes, reines Latein fprach man nur in Rom. — ex-
spectatam] „auf bie alles wartet". — diligentia cónsequi]
„ganz beherrfchen". — sustinere] „bemeiftern", wie § 37.

§ 40. quid ergo] bie mittels quid ergo ober quid igitur
in ber Beweisführung eingeführte Frage verlangt immer eine
verneinende Antwort. — haec omnia] fubftantivifch zu ergänzen.
— utinam . . essent] „leiber . . nicht". — tamen] „immerhin". — mihi est elaboratum] mihi ift Dativus auctoris. —
quam longe] hier beginnt ber Nachfatz; quam ift Fragewort.
— quae et quantae sint] „von beren Bebeutung . . ."; fo
werben oft lateinifche Fragefätze beutfch fubftantivifch wieber-
gegeben. — suspicari potes] gehört noch zum Relativfatz.

Kap. 13. § 41. eiusdem aetatis] „im . ."; Cicero war
106 v. Chr. geboren. — aut pauci] „ober boch nur . .". —
ad usum forensem] entfprechenb bem in foro iudiciisque
versari = „für bie Thätigkeit vor . .". — ita . . ut . .]
ita velim, ut commoveor = fo möchte ich wünfchen, wie ich
in Wirklichkeit, = „fo wahr ich wünfche, werbe ich . . ". —
illius temporis] gewöhnliche Konftruktion bes Subftantivs bei
mihi in mentem venit, aber nur hoc, illud. — quo die] frei
bezogen auf temporis, = „wo". — citato reo] = cum reus
citatus est = „vor Gericht erfcheint".

§ 42. cogitatione] ift bas gut lateinifche Wort für „Phan-
tafie". — studia hominum] näml. sint futura. — magnitudo]
benn es ift eine magna causa, „ein wichtiger Fall". — con-
citatura] näml. sit, = „herbeiloden, zufammenbringen." —

audientiam . . factura sit] audientia = „geneigtes Gehör". — pro offensione] offensio von offendere „anstoßen", = „Anstoß, Ärgernis".

§ 43. horum] von den eben erwähnten Dingen. — Iovem ego] näml. precor; mit Anrufung der Götter fingen die alten Römer wie Kato, Gralchus u. a. alle ihre Reden an. — vellem . .] auch diese Worte bilden eine beliebte Eingangsformel zu einer Rede.

§ 44. responsurus esset] responsurus sum = ich bin geneigt zu antworten, von mir steht zu erwarten, daß ich ant-worte. — causam demonstrare] „den Fall darlegen", ohne daß man auf Einwürfe zu antworten braucht. — nunc] nach einem Irrealis = „so aber". — homine disertissimo] Hor-tensius. — quicum] seltenere Form für quocum. — disse-rendum] disserere auseinandersetzen, disserere cum aliquo sich mit jemandem auseinandersetzen. — ita laudo] ita „mit der Einschränkung" = „zwar"; dann wird ut = „aber". — probo] „anerkenne".

Kap. 14. opprimet] „wird überraschen"; opprimere geht auf das Unvermutete. — pervertet] „zu Fall bringen", Aus-druck der Fechtersprache. — labefactare] = facere ut aliquis labatur = „zum . . bringen". — hominis] wie oft = eius. — petitiones] von petere „angreifen"; das Substantivum verbale auf io bezeichnet oft die Weise; dem petitio = ratio petendi entspricht dann ratio dicendi. — iudicium fieri] die Verhand-lung wird notwendig eine Vergleichung der beiden Redner herbeiführen, also die Kritik herausfordern, und dies kann dem Hortensius selbst nicht entgehen (arbitretur).

§ 45. te] Objekt zu elusurus und iactaturus; eludere „sein Spiel treiben", iactare „in Bewegung setzen" (so daß er niemals consistere „zur Ruhe kommen" kann). — videor] ge-

wöhnlich mibi videor „ich glaube"; vgl. § 5. — facturus sit]
auch noch von videre abhängig. — optionem . ., ut eligas]
Fülle des Ausbrucks wie permitto ut liceat, genus eiusmodi u. ä.
— utrum] ist Pronomen. — futurum] näml. esse, abhängig
von videre. — aestus] er wirb schwißen vor Aufregung. —
error, tenebrae] er wirb nicht mehr wissen, wo aus, wo ein,
wirb wie im Dunkeln tappen. — accusationis membra] bie
accusatio ist ein Organismus, eine Art corpus unb hat somit
membra; biese werben auseinanber genommen unb einzeln be-
trachtet. — transigere] wie expedire unb absolvere auch noch
von coeperit abhängig; bie brei Infinitive zusammen (behan-
beln, erlebigen, fertig machen) bebeuten bie erschöpfenbe Ab-
fertigung ber Anklage.

§ 46. commiserari, conqueri] Erregung bes Mitleibs
war schon bei ben Griechen eine Aufgabe ber Verteibigung. —
deonerare] de onere invidiae demere. — necessitudinem]
nam quaestor praetorem suum parentis loco colere debebat.
— constitutam . . . religionem] bie Quästoren werben unter
bie Beamten nach altem Brauch verlost, in ber Entscheidung
burch bas Los sieht Cicero eine göttliche Fügung: „bie in . .
begründete Heiligkeit . .". — obruat] mit Worten überschüttet,
so baß man vom Gegner nichts mehr sieht. — gestu ac motu]
gestus von gerere „sich führen, sich halten", baher = „Haltung". — aciem] ist im Lateinischen wegen bes Tropus prae-
stringere nötig, bei ber Übersetzung fällt es weg. — institutis]
von instituere „anlegen", also: ber Plan, bie Anlage, co-
gitationibusque: wie er sie sich ausgebacht (Henbiabyoin).

§ 47. continuo] ber Verlauf ber divinatio läßt sofort
auf ben Verlauf bes Prozesses selbst schließen. — potueris]
si potueris, volueris beliebte Formel, im Deutschen Präsens.
magister ludi] „ein Schulmeister", verächtliche Bezeichnung statt

Rhetor. — non deesse] „es nicht an sich fehlen lassen, ent-
sprechen". — prolusione] so heißt die divinatio als „Vorspiel"
des eigentlichen Kampfes.

Kap. 15. esto] wie εἶεν einräumend. — subscriptoribus]
subscriptor ist der Mitankläger, welcher die Anklageschrift mit
unterschrieben hat; solche subscriptores führten einzelne Teile
der Anklage durch. — princeps in agendo] ist der Hauptankläger. — ornatissimus] von ornare ausstatten, zweckent-
sprechend ausrüsten. — usu] „Erfahrung auf . .".

§ 48. ab subselliis] subsellium heißt die Bank, auf
welcher die patroni saßen; qui est ab subselliis steht im
Gegensatz zu tiro usu forensi. — qui] adversatives Relativ,
„freilich was . .". — bene robustum] bene dient wie fran-
zösisches bien nur zur Steigerung der Abjektiva mit guter
Bedeutung. — actor] von causam agere, „zur Führung der
Sache" = „als Ankläger". — ac ne is quidem] „aber auch
. . nicht". — tantum] wie multum (z. B. laudare, amare)
„sehr", so bedeutet tantum . . . — tamen aliquid] „doch
immerhin etwas", nicht prorsus nihil. — actoribus Graecis]
actor hier von agere partes eine Rolle spielen = Schauspieler;
im griechischen Schauspiel traten nur drei actores auf, der
πρωταγωνιστής, der δευτεραγωνιστής und der τριταγωνιστής,
lateinisch primarum, secundarum, tertiarum partium; qui
est secundarum = „der die . . . Rolle hat (spielt)". — ipse
primarum] ipse is, qui est primarum partium. — princeps]
wie der princeps in agendo vor Gericht der Hauptankläger
ist, so bedeutet princeps hier . . .

§ 49. iam] „ferner". — si quam] „wenn er überhaupt
. .". — quartum] nach römischem Brauch wird Cäcilius selbst
als subscriptor mitgerechnet, somit ist Appuleius der secundus,
Alienus der tertius subscriptor. — moratorum] von morari

„aufhalten", ſind ſchlechte Advokaten, welche durch allerlei Ränke
den Prozeß zu verzögern und ſo Zeit für die Hauptankläger zu
gewinnen ſuchten. — delationem dedissetis] delatio Hauptan⸗
klage, Gegenſatz subscriptio; dedissetis aus direktem Fut. exact.
dederitis, „wem ihr auch .. übertraget".

§ 50. ita paratus venis] iſt der Hauptſatz, welcher in
den Nebenſatz eingefügt iſt; ita wie oft tantum = „ſo we⸗.ig";
ex quibus = relativer Anſchluß. — quibus] adverſative Re⸗
lativum. — in eorum mentionem] ut eorum mentionem fa-
cerem. — satisfaciam] ironiſch, „abfertigen".

Kap. 16. inopia] Abl. qualitatis. — de populo] „aus
der Menge". — vestri ordinis] abhängig von aliquos. —
potius quam] „lieber als daß ihr . .".

§ 51. inquit] wie oft = „ſagt man, heißt es". — custo-
dem] inſofern der Mitankläger den Hauptankläger überwachen
und kontrollieren kann. — capsas] capsa iſt eine Art Futteral
(Mappe), in welcher die Akten aufbewahrt werden. — enunties]
„ausſchwatzen", — custode toto] wir drücken uns abſtrakt aus:
„bezüglich dieſer ganzen Beauffichtigung". — hos tales] talis
wie tantus nach dem Demonſtrativ; wir ſagen ohne „ſo"; „dieſe
trefflichen Männer". — mihi creditam] „anvertraut". — ad-
spirare] vgl. oben zu § 20. — fides] „Zuverläſſigkeit". —
diligentia .. reformidat] cum sim diligentissimus, ne quis spe-
culator enuntiet, timeo.

§ 52. verum] Übergang zum dritten Teil der Beweis⸗
führung. — monitor tuus] auch hier wirft Cicero dem Cä⸗
cilius Unſelbſtändigkeit vor, wie oben § 43. — arbitror] „du
gebe ich zu". — eximium] von eximere ausnehmen, „daß du
die einzige Ausnahme .."

§ 53. id agis] id ago „dies bezwecke, erreiche ich". —
qui debeat, qui possit] zu unterſcheiden von quis debeat, quis

possit, welches nur nach dem Namen des Anklägers fragen
würde. — utrumque] et posse et debere. — alterum] „nur ..".

§ 54. quod si] „wenn daher"; — utrum] ist Prono=
men. — vexatam ac perditam] mit steigerndem ac: „. ., ja
geradezu .. sei". — actorem causae] faßt das vorhergehende
zusammen: „kurz als . .". — adoptavit] adoptavi „ich habe
für mich gewünscht, ausersehen".

Kap. 17. § 55. at] scheinbares Zugeständnis an Cäci=
lius, das aber sofort zurückgenommen wird. — alieno incom-
modo] „sogar wo es sich um .. gegen einen .. handelt".
— dicatur] näml. esse: „. . soll". — cognoscite] wie audite,
videte mit dem aufforbernden „lassen" zu übersetzen. — nihil
sapit] sapere „verständig sein", nihil sapere „thöricht sein".
— quae mulier] im Deutschen nimmt man das Substantivum
voraus. — symphoniacos servos] symphoniaci (von συμ-
φωνία) heißen die Sklaven, weil sie zu Konzerten verwendet
werden; diese wollte ein Schiffskapitän (praefectus) des Markus
Antonius für den Flottendienst verwenden, wo sie den Ruderern
den Takt angeben sollten. — qui se .. liberaverunt] kurz:
„der Freigelassenen". — religionem obiceret] „religiöses Be-
benken einflößen"; nomine Veneris = cum Venerem nominaret
„indem sie sich auf Venus berief" = „unter Berufung auf
Venus".

§ 56. viro .., homini] ironisch; ersteres geht auf die
Stellung des Cäcilius, letzteres charakterisiert ihn als Menschen.
— iudicium dat] als Vertreter des Proprätors setzt er sofort
einen Gerichtshof ein. — si paret] paret = apparet, also si
paret = wenn aus der Verhandlung deutlich hervorgeht; mit
dieser Formel wurde den Richtern durch den Prätor der Fall
zur Entscheidung überwiesen. Der Nachsatz zum Vordersatz si
paret ergiebt sich leicht: tum ut Veneri adiudicentur. — recu-

peratores] waren urſprünglich Richter, welche Entſchädigungs=
forderungen zwiſchen Rom und anderen Staaten entſchieden,
ſpäter richteten ſie in Zivilprozeſſen verſchiedener Art; hier heißen
ſo die von Cäcilius eingeſetzten Richter. — religione] „aus
religiöſen Rückſichten“.

§ 57. est adhuc] Subjekt iſt Verres; bis jetzt zeigt ſich
in ihm noch nicht der wahre Verres, ſondern er giebt ſich wie
ein Mucius, d. h. als ehrlichen Beamten. — elegantius] „zweck=
mäßiger, paſſender“. — ad . . existimationem] ad „hinſicht=
lich“ entſpricht dem einſchränkenden Ablativ. — repente e vesti-
gio] Fülle des Ausdrucks, „plötzlich auf einmal“. — Circaeo
poculo] Anſpielung auf Hom. Od. 10, 229 ff., wo die Ge=
fährten des Odyſſeus durch den Zaubertrank der Circe in Tiere
verwandelt werden; denn verres heißt als Appellativum „Eber,
Schwein“. — rediit ad se] „er fand ſich wieder“, d. h. die bis=
her verleugnete wahre Natur des Verres kam zum Durchbruch.

Kap. 18. § 58. hic] „in dieſem Falle“. — defendam]
ſynonym mit negabo, = „zurückweiſen“; Cicero kann hier nicht
zugeben, daß in laedendo posita est iniuria. — oportet] „es
iſt in der Ordnung, darf“. — graviorem] „von größerem Ge=
wicht, gewichtiger“. — perfidiosum an praevaricatorem] per=
fidia zeigt Cäcilius, wenn er als Freund des Verres doch gegen
ihn als Ankläger auftritt, praevaricator iſt er, wenn er trotz der
Anklage auf beſſen Freiſprechung hinarbeitet. — non pugnabo]
hat den Begriff eines Verbums des Hinderns in ſich, daher
folgt quo minus darauf.

§ 59. iniuriae . . causa] „der im Unrecht liegende
Grund“; denn iniuriae iſt Genetivus definitivus. — sed cui-
quam] „ſondern überhaupt irgend einem“, d. h. jedem anderen.
— quaestorem fuisse] näml. te, was aus te dicturum esse
noch nachklingt. — quae causa] näml. te quaestorem illius

2*

fuisse. — in contentione] „aber wenn wir barum ſtreiten, wer . .“.

§ 60. si] konzeſſiv, wie oben § 21 unb § 29. — ferendo] nam ferendas esse parentium iniurias (ſagt Tacitus Ann. 14, 4), quaestori autem praetor parentis loco esse debebat. — hi] bie Richter bei ber Divinatio. — ne .. quidem] = οὐδέ „auch nicht". — sine ulla vituperatione] hier hat vituperatio bie paſſive Bebeutung „bas Getabeltwerben", alſo: „ohne baß bu . .“, — non ulla] = nulla, iſt ſonſt nur bei Dichtern üblich, wie non quisquam = nemo.

Kap. 19. § 61. omnibus rebus] „in allen Beziehungen", burch bie Wieberholung im Gegenſatz beſonbers betont. — causam necessitudinis] „Grunb zu nahen Beziehungen". — coniunctionem sortis] vgl. zu § 46. — provinciae] hier in ſeiner allgemeinen Bebeutung „Wirkungskreis".

§ 62. iure] nach § 60 propter iniuriam acceptam. — parentis numero] ganz wie parentis loco in § 61. — pie] negativ auszubrücken: „ohne Berletzung". — periculum crees] ſeltenere Phraſe für periculum facessere. — iniustum impiumque bellum] bellum wirb von einzelnen Perſonen ſelten geſagt; ein iustum piumque bellum iſt ein Krieg, ber mit gutem Grunbe unb unter Beobachtung aller Förmlichkeiten angekünbigt worben iſt. — valet] „hat bie Bebeutung". — elaborandum in ratione reddenda] tibi est elaborandum, ut reddas rationem, quam ob rem . . accuses „als Ankläger auftrittſt". — venit in contentionem] venire in bient zur Umſchreibung bes Paſſivs: „wurbe um . . geſtritten".

§ 63. nominis deferendi] nomen deferre „Anklage erheben". — libido] im Deutſchen Abjektiv, „bie willkürliche . .“. — ratio accusandi] Umſchreibung bes Subſtantivs „Anklage".

— suscipere] „wenn man . .“. — interponere] „dazwischen
treten laſſen, mit . . dazwiſchen oder eintreten“.

Kap. 20. § 64. probabilis] „Anerkennung verdient“. —
serviunt] wie oft auch parent, „Rechnung tragen, ſich be-
ſtimmen laſſen“. — grata esse] iſt dem probabilis videri ent-
gegengeſetzt; gratus iſt „dankenswert, was Dank verdient“. —
contra . . peteret] „mit der Gegenforderung auftrat“.

§ 65. de pecuniis repetundis] iſt Attribut zu lex. —
actorem] „Vertreter des Geſetzes vor Gericht“, que an iudicii
fällt ſomit bei der Überſetzung fort. — ad commemorandum]
vgl. zu § 57 ad existimationem. — quicum] = quocum. —
deorum hominumque iudicium] hominum durch die Wahl,
deorum durch das Los; vgl. zu § 46.

§ 66. amplissimum] amplus iſt, wer Anſehen beſitzt, amplum was Anſehen verſchafft. — in amicitiam essent] ent-
ſtanden durch eine Vermiſchung zweier Konſtruktionen: in amicitiam venirent und in amicitia essent; ebenſo findet ſich auch
in potestatem esse.

§ 67. diem dixisse] diem dicere einen Termin beſtim-
men, an dem er vor Gericht erſcheinen ſoll, = „anklagen“.

Kap. 21. neque] damit verbinde unquam ulla, „denn . .“.
— repetita ac relata] „wieder hervorgeholt und . .“. — non
inertissimum] Litotes; iners von in und ars; unter ars iſt die
ars dicendi zu verſtehen. — delatae . . susceptae] beachte,
daß hierin der Hauptbegriff enthalten iſt: „die Thatſache, daß
die Klagen . . ſind“.

§ 68. homines] nicht alle, ſondern nur die vorher ge-
nannten nocentes. — atque adeo] dient der Berichtigung, „oder
vielmehr“. — referri ac renovari] wie vorher repetita ac
relata. — serpere ac prodire] das erſtere bezeichnet das un-

merkliche „sich einschleichen, einleben", das zweite „ans Licht, in die Öffentlichkeit treten". — quadruplatores] vgl. zu § 24.

§ 69. non paenitebat] non paenitet me alicuius rei „ich bin wohl zufrieden mit . .". — princeps senatus] Bezeichnung desjenigen Senators, der in der Liste des Senates an erster Stelle stand; er wurde besonders ausgezeichnet und stimmte zuerst, wenn keine consules designati da waren. — posteaquam . . fuerat] das Plusquamperfekt bei postquam drückt das Zuständliche in der Vergangenheit aus, also ist censor fuerat = censorius erat. — gravis habebatur] gemeinschaftliches Prädikat zu den im Chiasmus stehenden Subjekten auctoritas und maiestas. — cum . . ferunt] „zu einer Zeit, wo = während doch"; Cicero gebraucht die Konstruktion des Zeitverhältnisses, während er doch einen konzessiven Gedanken im Hintergrund hat.

§ 70. quid . .] e sententia eorum, qui simulant sese mirari, — cum petat] cum = qua näml. aetate; denn cum ist der Lokativ des Relativs. — ego vero] damit wird die Antwort auf die vorhergegangene Frage eingeleitet. — superioris] „eines noch höheren", näml. als die Bewerbung um die Ädilität es voraussetzt. — esse] „zukomme, wohl anstehe". — desperatae] desperatus „aufgegeben", Ausdruck der medizinischen Sprache. — contaminatis] von contag-minatus (vgl. contagium) „durch Berührung befleckt" = „angesteckt". — auctoritatem] näml. defendendam. — his tot] „für die vielen . ."; nach hic steht immer tantus, tot für magnus, multi u. ä.

§ 71. de capite ac fortunis] caput ist die bürgerliche Existenz, der Inbegriff aller Rechte eines civis Romanus, fortunae sein Vermögen. — in discrimen existimationis venire] nach unserem Gefühl liegt der Hauptbegriff in existimationis, dies muß daher Subjekt werden: „daß . . auf dem Spiel stehe"

(ber Lateiner bevorzugt immer perſönliches Subjekt, z. B.
orator suavis est voce bie Stimme bes Rebners iſt angenehm).
Kap. 22. nulla opinio fuerit] im engſten Anſchluß an
ben vorhergehenben Satz aufzufaſſen: cum nulla de eo opinio
(vel existimatio) fuerit, nulla potest in discrimen venire;
opinio est de aliquo „genießt Anſehen", exspectatio est „erregt Erwartung". — ante] Abverb. — collectam] famam col-
ligere „ſich . . erwerben". — reliqui temporis] „für bie
Zukunft". — in offensione] cum offendet: „für ben Fall, baß
er . .". — ut discedat] konzeſſiv: „geſetzt baß . ,"; discedat
näml. ex iudicio. — ornamentis] „Ehren".

§ 72. obsides] hier übertragen von Sachen gebraucht, =
„Pfänber, Bürgſchaften". — recuperare] vom Zurückerhalten
ber Pfänber zu verſtehen. — honorem, quem petimus] aedili-
tatem; vgl. § 70. — tantulum] „auch nur ſo viel", iſt beiktiſch
geſagt (b. h. mit entſprechenber Gebärbe) = „auch um ein
wenig". — offensum titubatumque] ohne Zuſatz ber thätigen
Perſon, weil Cicero bie ſchlimme Vorbebeutung vermeiben will;
offendere „anſtoßen", titubare „ſtraucheln".

§ 73. sustinere] „auf ſich nehmen". — vos si] wie nachher populus Romanus ne: ber betonte Satzteil tritt vor bie
Konjunktion. — ordini vestro] näml. senatorio, welchem bie
Richter angehören; bie Entſcheibung bes Gerichtshofes zu Un-
gunſten Ciceros wirb nicht bieſem, wohl aber ben Richtern unb
bem ganzen Stanbe ber Senatoren ſchaben.

II.

DE IMPERIO CN. POMPEI ORATIO AD QUIRITES.

Kap. 1. § 1. frequens conspectus] erweitere ben Be=
griff von conspectus: „der Anblick eurer zahlreichen Versamm=
lung“. — hic locus] die Rednerbühne. — ad agendum] geht
auf die Magistrate, welche das ius agendi cum populo haben,
ad dicendum auf die Redner. — rationes] „der Plan“. — ab
ineunte aetate] „vom Eintritt ins bürgerliche Leben“. — per
aetatem] per „wegen“, aetatem „das jugendliche Alter“. —
auctoritatem loci] aus auctoritatem wird im Deutschen ein
Abjektiv, aus loci das Objekt. — nihil . . nisi] „nur“ (beide
Wörter immer getrennt!). — ingenio . . industria] im Deut=
schen Abverbia. — amicorum temporibus] tempora „die Ver=
hältnisse, Angelegenheiten“; beachte die Wiederholung desselben
Wortes in verschiedener Bedeutung.

§ 2. in privatorum periculis] periculum = κίνδυνος
„Prozeß“, synonym mit dem vorausgehenden temporibus. — ex
vestro iudicio] das Urteil des Volkes ist durch die ehrenvolle
Wahl Ciceros zum Prätor gegeben. — propter dilationem
comitiorum] die Wahlversammlungen hatten eine Störung er=
litten und mußten daher vertagt werden. — primus] „an erster
Stelle“. — centuriis cunctis] die Wahl der Prätoren erfolgte
wie die aller höheren Beamten in den Centuriatkomitien. —
cum . . renuntiatus sum] „darin (daraus), daß . .“. — ex
forensi usu] usus „die Praxis“, forensis „auf dem . .“. —
in dicendo] nicht dicendo, „im Reden etwas erreichen“ =
rednerisch begabt sein“.

§ 3. atque] leitet zum Thema über. — oratio] nicht allein Rede, sondern auch „Stoff zur Rede". — eximia] von eximere, = „ausnehmend". — huius orationis] präpositional zu übersetzen: „bei ...". — copia — modus] copia ähnlich wie oratio = „der Stoff", modus „das Maß, die Beschränkung".

Kap. 2. § 4. ducitur] „sich herleitet". — bellum .. infertur] ist der Hauptsatz; wir aber fügen „so vernehmet, laßt euch sagen" ein und machen davon bellum infertur abhängig. — grave] gravis heißt was drückt, „lästig". — vectigalibus]. von vectigalis „steuerpflichtig". — relictus] „übrig gelassen", d. h. nicht besiegt, bezieht sich auf Mithribates, welchen Lukullus wegen der in seinem Heere ausgebrochenen Meuterei nicht völlig besiegen konnte, lacessitus auf Tigranes, den die Römer zum Kriege gereizt hatten. — equitibus Romanis] die equites Romani bildeten die Geldmacht im alten Rom; sie pachteten die Einnahmen des Staates um eine bestimmte Summe; es blieb ihnen dann überlassen, die Gefälle einzutreiben; gewöhnlich machten sie dabei sehr gute Geschäfte. — honestissimis viris] solche Appositionen dienen als Formeln der Höflichkeit, vgl. z. B. uxor tua, femina lectissima „deine vortreffliche Frau" u. ä. — aguntur] agitur aliquid „etwas steht auf dem Spiel". — vectigalibus] dies kommt von vectigal; vectigalia exercere „Steuern eintreiben". — necessitudine] necessitas „Not, Zwang", aber necessitudo das Verhältnis eines necessarius zu mir, „nahe, enge Beziehung". — ordine] die equites Romani bilden als ordo equester den zweiten Stand Roms. — rerum suarum] res, wie in der Verbindung magnae res, „Vermögen"; pericula übersetze adjektivisch „gefährdet".

§ 5. exustos esse] dieser und die folgenden Acc. c. inf. hängen von einem in afferuntur litterae liegenden Begriff des Sagens ab, sie geben den Inhalt der Briefe an. — vestris vectigalibus] von vectigalis; wir übersetzen mit dem Sachnamen, wie apud Gallos im Gebiete der Gallier, so „eurem . . Gebiet". — huic qui successerit] übersetze substantivisch. — unum] „nur einer", wie pauci „nur wenige" u. ä. — imperatorem] Prädikativum. — deposci atque expeti] Hendiadyoin: „dringend . .".

§ 6. Nachdem in § 4 und 5 die Narratio gegeben ist, folgt nunmehr die Partitio (Disposition); darnach zerfällt der Hauptteil der Rede in drei Unterabteilungen. — genus . . eiusmodi] nicht nachzuahmende Fülle des Ausdrucks. — quod] konsekutives Relativ: „daß . .". — ad persequendi studium] wie in § 4 aus pericula, wird hier aus studium ein Adjektiv, aus persequendi ein Substantiv; bellum persequi = „den Krieg bis zu Ende führen"; (also: „zu einer . . Weiterführung des . .".) — salus] geradezu = „Existenz". — pacis ornamenta] ornare „ausstatten", ornamentum Mittel dazu, also pacis ornamenta „das, wodurch der . . verschönert wird". — a vobis] statt des Dativs zur Vermeidung der Zweideutigkeit.

Kap. 3, § 7, praeter] bei den Begriffen des Vorzugs wie florere u. ä. „im Vergleich mit, vor". — delenda] von delere = de-linere „auswischen, tilgen". — superiore] gemeint ist der von Sulla geführte erste Mithridatische Krieg, da Cicero den zweiten (vgl. Einleitung S. XIV) nicht mitrechnet. — concepta] maculam concipere zunächst von einem Kleid gesagt: „einen Flecken bekommen", dann übertragen: „eine Schmach . .". — tota in Asia] das in ist gesetzt, um Übereinstimmung mit tot in civitatibus herzustellen. — significatione litterarum] litterarum wird Adjektiv: „durch eine schriftliche . .". — ab illo tempore] „von . . an gerechnet" = „seit . .". — et ita regnat] diese im Lateinischen elegante Wiederholung des Verbums unterbleibt im Deutschen, — in vestris vectigalibus] wie in § 5. — in Asiae luce] „im hellen, beleuchteten Teil Afiens“ = „im Vordergrunde von . .“, versari „fich tummeln“.

§ 8. non victoriam] adverfatives Afynbeton: „zwar . ., aber nicht . .“. — ita triumpharunt] wie ita regnat in § 7; ita „nur in foweit“. — verum tamen] wenn auch die Feld-herren einen abfchließenden Sieg nicht erfochten, „immerhin gebührt . .“. — quod egerunt] „dafür, daß fie überhaupt . .“. reliquerunt] abfolut, „etwas zu thun . .“.

Kap. 4. § 9. ad oblivionem . . ad comparationem] die Subftantiva verbalia mit ad entfprechen Finalfätzen: „um . .“. — ornasset] „ausgerüftet“ mit allem Nötigen. — usque in Hispaniam] „bis nach Spanien“; usque deutet auf die große Entfernung hin. — legatos ac litteras] Henbiabyoin: „Ge-fanbte mit . . . . — disiunctissimis maximeque diversis] disiunctus bezieht fich auf die große Entfernung der beiden Kriegsfchauplätze, diversus auf die Lage in verfchiedenen Him-melsgegenden (äußerfter Weften, äußerfter Often). — binis] nicht duobus, weil copiae in biefem Sinne Plurale tantum ift. — districti] wie distineri = nach entgegengefetzten Seiten hin in Anfpruch genommen fein. — dimicaretis] „kämpfen müßtet“.

§ 10. alterius partis . .] „von der . . brohend“, „von Ser-torius unb . .“. — firmamenti ac roboris] „äußere unb innere Kraft“; die Truppen bes Sertorius waren Römer unb als folche beffer ausgerüftet unb tapferer. — summo viro] wie § 4 honestissimis viris. — initia] wirb Abjektiv im Deutfchen; vgl. zu § 1 auctoritatem unb § 4 pericula. — et ita dicam] vgl. zu § 7 et ita regnat. — ut . . videatur] nicht „fcheint“, fonbern „baß man fieht, baß . .“.

§ 11, de . . dignitate] „was . . anbetrifft“. — quem . . . putetis] bas Verbum putetis bient bazu, ben Ausbruck höf-

licher und verbindlicher zu machen; im Deutschen bleibt es un-
übersetzt.

Kap. 5. mercatoribus aut naviculariis] mercatores find
römische „Großhändler“, die sich in allen Provinzen fanden,
navicularii „Schiffseigentümer“. — vestris] „von euch“. —
iniuriosius] milbernder Komparativ: „auch nur ein wenig zu ..“;
ebenso nachher superbius. — exstinctum] nicht exstinctam,
weil es auf die näherstehende Apposition konstruiert ist; lumen
ist der „Glanzpunkt“, Korinth galt für den Glanzpunkt Griechen-
lands. — vinculis ac verberibus] beliebte Zusammenstellung,
in der die Alliteration zu beachten ist. — excruciatum ne-
cavit] = excruciavit, dum necatus est: „zu Tode ..“. —
libertatem imminutam] übersetze durch einen Satz; ebenso erep-
tam vitam. — verbo] „auch nur mit einem Worte“. — relin-
quetis] „ungeahndet lassen“.

§ 12. accepistis] wie παραλαμβάνειν von der Vererbung
gebraucht: „überkommen“. — quid? quod] = quid de eo dicam,
quod: „was soll ich dazu sagen, daß“ = „daß ferner“; beginne
mit dem Hauptsatze. — summum .. vocatur] vocari (venire)
in beliebte Umschreibung des Passivs, periculum ac discrimen
Hendiadyoin: „aufs höchste gefährdet werden“. — socius atque
amicus] war ein vom Senat verliehener Ehrentitel, wie auch
Ariovist (Cäsar Bell. Gall. I 35 u. 43) rex atque amicus
genannt worden war. — cuncta Asia] ohne in nach Analogie
von tota Asia. — vestrum auxilium] vestrum wie § 11,
„Hilfe von euch“. — alium] nämlich den Manius Acilius
Glabrio.

§ 13. omnia] „alle Eigenschaften“. — propter] lokales
Adverb, „in der Nähe“. — quo] mit aegrius zu verbinden;
aegre careo „es tut mir leid entbehren zu müssen“ (wie
inique comparo „es ist unbillig, wenn ich vergleiche“). —

ipso] ipse, das Pronomen des Gegenſatzes, bedeutet „ſchon,
bloß", — maritimum bellum] gemeint iſt der Krieg gegen die
Seeräuber. — ceteros] „ſonſt, im übrigen". — defendant]
ohne Objekt, „Schutz bringen". — adventus] Plural, weil auf
mehrere bezogen; wir ſetzen den Singular. — in urbes] gerade
wie man ſagt advenire in urbem, — non multum] „nur
wenig", — hostili] ſubſtantiviſch zu geben: „durch . .". —
praesentem] „perſönlich".

Kap, 6. § 14. lacessiti] mit der Negation nulla =
„ohne . . zu . .". — agatur] agitur de „es handelt ſich um";
anders iſt § 6 aguntur vectigalia. — tanta] „nur ſo groß"
= „ſo unbedeutend". — magnitudine] „Ausdehnung". —
earum rerum, quae exportantur] im Deutſchen ein Wort:
„Ausfuhrgegenſtände"; wir erſehen aus dieſer Stelle, daß der
Zehnte von den Acker- und Baumfrüchten, das Weidegeld
und die Ausfuhrzölle die Haupteinnahmen des römiſchen Volkes
bildeten. — belli utilitatem, pacis dignitatem] wie oben § 6
pacis ornamenta, subsidia belli; überſetze; „was für den
Krieg . . bringt und den Frieden . . macht".

§ 15. venit] Perfekt, im Deutſchen Präſens. — cum . .
absunt, etiamsi . . facta est] beachte den Satzbau, wonach
dem erſten ein zweiter Nebenſatz angeſchloſſen wird (oft wie
hier ein Konzeſſivſatz); im Deutſchen muß nach dem erſten
Nebenſatz ein Teil des Hauptſatzes folgen. — pecuaria] näml.
res: „die Weide" (eigentlich der Viehſtand). — ex portu] hier
werden die portoria (Aus- und Einfuhrzölle) erhoben. — ex
decumis] decumas näml. partes iſt der Zehnte von den Feld-
und Baumfrüchten. — scriptura] das „Weidegeld", von scri-
bere aufſchreiben, da man die Zahl der Tiere, welche auf die
Weide getrieben wurden, aufſchrieb.

§ 16. quo animo] „wie es zu Mute iſt". — exercent

atque exigunt] exercere vectigalia wird von ben Staatspäch=
tern gesagt (ben publicani, welche gewöhnlich equites Romani
sinb; vgl. § 4), exigere vectigalia von bem Dienstpersonal ber=
selben. — propter] wie oben § 13. — familias] familia von
famulus, = „Gesinde", bezieht sich auf bas Dienstpersonal ber
Steuerpächter. — custodiis] custodiae sinb bie „Wachplätze",
wo ben Schmugglern aufgelauert wirb. — magno periculo]
„nur . .". — frui . . fructui sunt] bas zweite verhält sich zum
ersten, wie Passiv zum Aktiv, also fructui sunt = „von benen
ihr . . habt". — liberatos] mit conservaritis eng zu verbinben,
= „frei von . .".

    Kap. 7. § 17. ne . . quidem] = οὐδέ „auch nicht". —
quod . . pertinet] „bie Thatsache, baß . . von Bebeutung ist";
bas Subjekt zu pertinet liegt in belli genere. — nam et]
bieses et ist sogenannte particula pendens; benn es entspricht
ihm kein zweites et; bie Fortführung folgt § 18 mit deinde.
— suas rationes] ratio „Rechnung, Berechnung, Spekulation".
— copias] „Gelbmittel". — nervos] „Sehnen, Muskeln", bann
übertragen, weil man in ben Sehnen unb Muskeln ben Sitz ber
Kräft erblickte, „Kraft, Stärke". — duximus] „für . . gehalten
haben". — ceterorum ordinum] bes ordo senatorius unb bes
ordo plebeius.

    § 18. ipsi] „persönlich", unter . . selbst bort sich auf=
halten. — pecunias . . collocatas habent] collocaverunt
pecunias et nunc collocatae sunt; pecunia „bas Gelb", pe-
cuniae „Gelbsummen, Kapitalien". — est] „es verlangt . .".
— sapientiae] näml. est, „es ist Sache . .". — a re publica]
Kürze bes Ausbrucks für a rei publicae calamitate. —
redimendi] redimere ist ber übliche Ausbruck für „pachten",
baher redemptor „ber Unternehmer".

    § 19. calamitate docti] „burch . . gewitzigt". — solutione

impedita fidem concidisse] solutio, von solvere „zahlen", ift
bie „Zahlung, Zahlungsfähigkeit", impedita est solutio bie
Zahlungsfähigkeit ift gehindert, „bie Zahlungen werden einge-
ftellt"; fides concidit „ber Krebit finkt", eben infolge ber
Stockung im Zahlen. — ut non] „ohne baß . .". — fides
atque ratio pecuniarum] fides auch hier bas Vertrauen, bas
einer in Gelbfachen genießt, = Krebit; ratio pecuniarum „bas
Gelbwefen", infofern hier bas Rechnen (ratio) bie Hauptfache
ift. — quae . . versatur] im Deutfchen kein Nebenfaß. —
implicata est . . et cohaeret] Henbiabyoin: „hängt aufs . .
zufammen". — illa . . haec] illa in Afien, haec hier in Rom.
— coniunctae cum re publica] „in Verbinbung mit" =
„zugleich mit".

Kap. 8. § 20. quoniam] beim Übergang zu einem
neuen Teil ber Rebe: „nachbem". — belli genus] wir erwarten
bellum genere esse ita necessarium. — ita magnum] ita
befagt, baß bas Präbikat magnum wie vorher necessarium
nur in ber Hinficht gilt, baß . . . — forti viro et sapienti
homini] aus biefer Stelle erfieht man ben Unterfchieb zwifchen
vir unb homo; wir überfetzen viro et homini burch ein Wort:
„einem tapferen unb . . . Manne". — omnibus rebus] Ablativ
von omnia. — instructas fuisse] Zuftanb in ber Vergangenheit,
instructas esse Zuftanb in ber Gegenwart; ornatas atque instructas „völlig . . . - obsessam . . oppugnatam] bas
letztere bezeichnet, wie vehementissime zeigt, ben Sturm auf
bie Stabt.

§ 21. studio inflammata] „im Parteieifer"; bie Sertorianer
waren Anhänger bes Marius, bas bamalige Rom ariftokratifch.
— raperetur] rapere bezeichnet bas fchnelle Fortnehmen, rapi
„rafch bahinfahren". — depressam] deprimere classem „in ben
Grunb . .", — Pontum] bas Reich bes Mithribates, bas

bisher ben Römern geradezu unzugänglich war. — clausus
fuisset] von clausus est „ist verschlossen"; der Konjunktiv
entspricht bem konzessiven Sinne des Relativsatzes. — sup-
plicem] Prädikativum zu se contulisse. — salvis sociis]
negativ auszubrücken; „ohne Nachteil für , ."; ebenso integris
vectigalibus. — laudis] abhängig von hoc; satis ist Prädikativum.

Kap. 9. § 22. cum haec ita sint] „unter biefen , .".
— reliquum] zu bellum: „der Rest des . .". — cognoscite]
wie audite, videte gesagt, mit „lassen" zu übersetzen: „laßt es
euch . .". — qua] Abverb statt des Pronomens quibus. —
persequeretur] der Konjunktiv, weil darin „wie sie glaubte" liegt,
also Konjunktiv der fremben Meinung. — collectio dispersa]
„das an verschiedenen Orten stattfindende Sammeln"; wir beziehen dispersa zu eorum, wie wenn dispersorum bastände.
— patrius] „des Vaters".

§ 23. rebus suis] Dativ; diffidere rebus suis wird von
bem gesagt, der an sich selbst verzweifelt. — perditum] synonym
mit diffidentem rebus suis, = „der sich aufgegeben hatte",
recreavit „neu belebt". — temptandas] näml. bello, „angreifen".
— opinio] „ein Wahn"; gravis atque vehemens sind Abjektive
für Partizipien, ba Partizipien transitiver Verba nicht ohne Objekt vorkommen: „schwer beunruhigend und heftig erregend". —
religiosissimi] „hochangesehen". Gemeint ist wahrscheinlich der
Tempel der persischen Gottheit Nanana ober Anaitis. — novo
quodam] quidam einem Abjektiv angefügt steigert den Begriff
besselben (wie im Griechischen τὶς), also mirificus quidam casus
„ein ganz merkwürdiger Zufall". — urbem] die Hauptstabt,
nämlich Tigranocerta. — usus erat] proeliis uti „. . liefern".

§ 24. confirmarat] „hatte verstärkt". — eo numero] wie
man in eo numero statt in eorum numero sagt, so auch hier

eo numero ſtatt numero eorum. — hoc fere sic fieri solere]
nach hoc iſt sic, nach fere iſt solere überflüſſig; wir überſetzen
einfach. — afflictae fortunae] „das Unglück", von affligere
„anſchlagen, ins Unglück bringen". — multorum opes] wir ſetzen
ein perſönliches Objekt: „viele . .". — ut . . videatur] Kon-
ſekutivſatz, „ſo daß man daraus ſieht, daß ihnen . .", oder kurz:
„weil ihnen . . erſcheint". — sanctum] von sancire etwas
feſt hinſtellen, ſo daß es nicht verletzt werden kann, daher sanctus
= „unverletzlich".

§ 25. victus] „nach ſeiner Niederlage". — posteaquam
pulsus erat] das Plusquamperfektum zum Ausdruck der Vorzeitig-
keit gegenüber den anderen gleichfalls vergangenen Handlungen.
— qui . . scribunt] ſolche Dichter waren in der vorciceroniſchen
Zeit Nävius, der ein Bellum Punicum verfaßte, und Ennius,
welcher in ſeinen Annales die römiſche Geſchichte bis auf ſeine
Zeit darſtellte. — ex sermone rumor] das Gerücht, welches aus
dem Geſpräch hervorging; ex sermone iſt jedoch mehr wegen
der Übereinſtimmung mit ex proelio geſagt.

§ 26. offensione] von offendo, wie πταῖσμα von πταίω,
= „Niederlage". — aliqua ex parte] auf die Frage woher?,
während wir wo? fragen, = „in einem Teile, einigermaßen".
— vetere exemplo] nach Auffaſſung der alten Römer ſollte ein
Beamter ſein Amt im Intereſſe der Freiheit nicht lange verwalten (daher die Beſchränkung der Diktatur, Verkürzung der
Amtszeit der Cenſoren). Der wahre Grund der Zurückberufung
des Lukullus lag in anderen Umſtänden. — stipendiis confectis]
Abl. qualitatis, = qui iam stipendia confecerant. — ea] bezieht ſich auf multa, weiſt aber auch auf den Nebenſatz quantum
. . putetis hin; der letztere iſt daher mit „nämlich" einzuleiten.
— putetis] „muß". — quod coniungant] bellum coniungere
„ſich zu einem Kriege verbünden", gerade ſo, wie man ſagt

bellum parare „ſich zu einem Kriege rüſten". — integrae]
„noch unverſehrte", deren fortuna noch nicht afflicta iſt.

Kap. 10. § 27. mihi videor] „ich glaube". — restat,
ut] bilbet gerabe wie reliquum est ut ben Übergang zum letzten
Hauptteil. — dicendum esse videatur] vollttönenber Abſchluß
ber Periobe, wie ihn Cicero liebt; videatur fällt bei ber Überſetzung weg. — nunc vero] leitet nach einem Irrealis bie
Wirklichkeit ein: „ſo aber". — gloriam] hominum gloriam
wirb hier wie § 24 multorum opes überſetzt; auch memoriam
überſetze bementſprechenb konkret: „bie in unſerem . . fort-
lebenben Männer bes . .". — quae res est, quae] für uns
unnötige Umſchreibung. — cuiusquam animum] beliebte Umſchreibung ber Perſon mittels animus (ober corpus), für uns
= quemquam.

§ 28. scientior] näml. rei militaris, „tüchtiger". — e
ludo] „aus ber Schule". — pueritiae disciplinis] „aus bem
Jugenbunterricht"; ber lateiniſche Plural entſpricht bem beutſchen
Abſtraktum. — bello . . hostibus] Ablativ bes begleitenben Um-
ſtanbes: „zu einer Zeit, wo ein . . mit . . geführt wurbe". —
concertavit] „geſtritten hat" (cum hoste confligimus, cum ini-
mico concertamus). — confecit] „unterworfen hat". — alienis]
alienus gilt als Poſſeſſivum zu alius, alſo iſt praecepta aliena
zu überſetzen wie ager paternus u. ä. — mixtum] bellum
miscere ähnlich wie § 26 bellum coniungere; bellum miscetur
ex „es verbinben ſich zum Krieg bie . . mit ben . :"; cives
acres ſinb bie Marianer (Sertorius unb ſein Anhang). —
navale bellum] iſt ber Krieg mit ben Seeräubern. — et bel-
lorum et hostium] ähnlich wie oben maximo bello atque
acerrimis hostibus beigeorbnet ſtatt untergeorbnet: „Kriege mit
ganz verſchiebenen Feinben". — in usu militari] „in ber Praxis
bes Krieges". — esse] „baß es giebt".

Kap. 11. § 29. oratio] „Redeweise", wie die Verbalia auf io die Art und Weise einer Handlung bezeichnen. — quae tanta sunt] „lauter Eigenschaften, welche ..". — vidimus] bezeichnet neben audire „selbst mit ansehen, erleben".

§ 30. quam .. cinctam] löse auf: quae .. cincta erat et~~~~~~ quam. — explicavit] näml. ex periculis: „befreit hat"; terrore~~~~~ wird bei der Übersetzung Abjektiv zu belli, celeritate zu con-~~~~~ silii: „nicht durch einen furchtbaren .., sondern durch ..". — ~~~ sublatum ac sepultum] Hendiabyoin: „gänzlich ..".

§ 31. universa] wie der Gegensatz sinus ac portus zeigt, bedeutet universa maria „die Meere in ihrem vollen Umfang". — ut.., esset, ut lateret] im Deutschen ein anderes Tempus. — qui non] „ohne .. zu ..". — referto .. mari] „oder wann .. war". — divisum atque dispersum] „verteilt und verbreitet"; vgl. oben § 9 in locis disiunctissimis maximeque diversis. — quis .. arbitraretur] Potentialis der Vergangenheit: „.. hätte geglaubt". ~~~~~~~~~~~~~~~

§ 32. hosce] „den letzten ..". — praesidio fuistis] „habt ihr .. gebracht" (meide die Phrase „zum Schutze gereichen"). — classibus] Ablativ.

Kap. 12. fuit] das Perfekt dient zur Bezeichnung dessen, was einmal war, aber leider nicht mehr ist. — propugna- culis imperii ..] = iis rebus (exercitibus, classibus), quibus pro imperio pugnare debebant, pro sociorum fortunis pugna- bant. — clausum fuisse] Zustand in der Vergangenheit wie oben § 20 instructas fuisse; vgl. § 21 clausus fuisset. — cum] „während". — a Brundisio] die Beifügung der Präpo- sition a findet bei Seestädten statt, wo die Abreise nicht un- mittelbar aus der Stadt, sondern aus deren Umgegend (dem Hafen) erfolgt. — summa hieme] „im tiefsten ..". — re- dempti sint] „.. werden mußten". — secures] die fasces cum

3*

securibus werben in ben Provinzen ben Oberbeamten (Prätoren)
von ben Liktoren vorausgetragen; duodecim secures finb
bemnach zwölf Rutenbünbel mit je einem Beil, unb bazu braucht
man zwölf Liktoren; ba jeber Prätor sechs Liktoren in ber
Provinz hat, find somit hier zwei Prätoren gemeint.

§ 33. vitam ac spiritum ducitis] „Leben unb Atem schöpfen",
insofern bie Getreibezufuhr über biese Häfen geht. — in prae-
donum potestatem] biese Phrase ist entstanben aus ben beiben
Wortverbinbungen in potestatem venire unb in potestate
esse; vgl. oben S. 21 § 66. — celeberrimum] „sehr besucht";
bei Cicero heißt celeber nur „besucht". — inspectante praetore]
„vor ben Augen bes . .". — Ostiense incommodum] „bas Unglück in . ."; sogar in Ostia wagten bie Seeräuber zu lanben,
also in unmittelbarer Nähe Roms. — labem atque ignominiam]
Henbiabyoin: „tiefe, entehrenbe Schmach". — queran] queri ist
ebensowohl „beklagen" als „klagen". — cum] ber Satz mit cum
giebt an, worin bie labes atque ignominia bestanb:.„inbem . .".
— lucem afferre] lux bebeutet übertragen „Glück unb Segen"=
— modo] „eben noch". — intra Oceani ostium] innerhalb
ber Straße von Gibraltar, also im ganzen Mittellänbischen
Meere.

§ 34. a me] statt mihi beim Gerunbivum zur Hervorhebung ber thätigen Person. — praetereunda non sunt] burch
Attraktion auf haec bezogen, währenb wir praetereundum non
est erwarteten; biese Angleichung bes unpersönlichen-Haupt-
satzes an bas Subjekt bes Nebensatzes ist selten. — studio]
gehört auch zu obeunbi negotii: „im Eifer . .", ober kurz:
„um . ."; quaestum consequi „bem Erwerb nachgehen". —
tanti belli impetus] „ber so gewaltige Kriegssturm"; quam
celeriter. verlangt im Hauptsatze eine Ergänzung: „so schnell".
— nondum tempestivo — . mari] „zu einer Zeit, wo bas Meer

doch nicht ..". — frumentaria subsidia] Sizilien, Sardinien und Afrika galten als die Kornkammern Roms.

§ 35. confirmata, missis] werden im Deutschen dem Hauptverbum beigeordnet. — duo maria] „die beiden Meere". — adornavit] adornare, auch ornare, = „ausstatten, schützen". — qui ubique] wie quisque liebt auch ubique in den Nebensatz (Relativ- oder Fragesatz) zu treten, im Deutschen tritt es an die Spitze des Hauptsatzes; qui fuerunt „die es gab". — imperio ac potestati] b. h. der vollen Gewalt, also ohne Bedingung, „auf Gnade und Ungnade". — legatos deprecatoresque] que hat hier explikative Bedeutung; übersetze daher deprecatores „welche . . sollten". — imperavit] aus Cäsar bekannt, wo frumentum, obsides imperare oft vorkommt: „die Stellung (Lieferung) von . . verlangen".

Kap. 13. § 36. est] am Anfange eines Satzes dient zur nachdrücklichen Versicherung und zugleich zur Überleitung zum Folgenden. — quid?] dieses allgemeine Fragewort führt eine Frage ein, deren Hauptbegriff unmittelbar hinter quid steht, worauf erst das spezielle Fragewort folgt; hier tritt an die Stelle der Frage ein Ausruf. — commemorare coeperam] dies geschah oben § 29. — summo ac perfecto] während § 28 summus genügt, um den Begriff „vollkommen" auszudrücken, wird hier noch perfectus hinzugefügt; übersetze: „bei dem Ideal eines Feldherrn". — artes] „Eigenschaften", besonders mit dem Zusatz bonae, eximiae, malae u. ä. — innocentia] „Uneigennützigkeit" bezeichnet das unsträfliche Verhalten in Geldangelegenheiten. — temperantia] von sibi temperare sich beherrschen: „Selbstbeherrschung". — fide] „Zuverlässigkeit" (fides est in eo, cui fidere possumus). — facilitate] facilis ist der Mann, mit dem leicht zu verkehren ist; Gegensatz homo difficilis. — breviter] gehört zu consideremus; quae ist Subjekt zu qualia sint.

— summa] „im höchsten Grade vorhanden". — aliorum] „mit
anbern", wie der Genetiv oft durch eine Präposition mit Substantiv zu geben ist.

§ 37. ullo in numero putare] wie man sagt aliquo in
numero esse „Geltung haben" (eigentlich irgendwo mitgezählt
werden), so auch imperatorem in aliquo numero putare =
„als Feldherrn mitrechnen, gelten lassen". — centuriatus]
„Stelle eines Centurio". — cogitare] abhängig von possumus
putare; magnum atque amplum cogitare (gewöhnlicher sentire)
„eine . . Gesinnung haben"; übersetze: „welche . . Gesinnung
dürfen wir bei . . annehmen". — propter cupiditatem pro-
vinciae] näml. retinendae; er wünscht seine Provinz noch ein
weiteres Jahr zu behalten und sucht daher die Beamten in
Rom durch Geld zu gewinnen, daß sie seine Abberufung hindern.
— in quaestu reliquerit] quaestus wie oben § 34 = „der
Erwerb"; in quaestu relinquere „zum Erwerb zurücklassen",
d. h. um Zinsen zu tragen. — facit, ut . . videamini] „bewirkt,
daß ihr zu erkennen scheint" = „zeigt, daß ihr erkennt". —
nisi qui] „höchstens wer . .". — confiteri] „ein Geständnis
ablegen".

§ 38. itinera] nicht etwa Objekt zu recordamini, sondern
dem Fragesatz nachdrücklich vorangestellt. — statuetis] „ihr
werdet . . ermessen". — existimetis] „muß". — per hosce
annos] „in den letzten . .". — hibernis] von hiberna (näml.
castra) „Winterlager, Einquartierung zur Winterszeit."

§ 39. hic] „und da", = quae cum ita sint. — non
modo, sed ne . . quidem] mit gemeinschaftlichem, beiden Gliedern
nachfolgendem Verbum: „nicht nur nicht, sondern nicht einmal".
— pacato] „einem friedlichen Bürger". — nocuisse] Schaden
erlitten die Bewohner der Provinzen durch Wegnahme ihres
Eigentums (quod per manus sit) oder durch Beschädigung des-

felben (wovon man bie vestigia fieht). — hibernent] „fich im
.. benehmen". — hiemis] Genetivus objektivus: „vor bem
Winter". — avaritiae] Genetivus fubjektivus: „für bie . .".
Rap. 14. § 40. age vero] Übergang zu einem neuen
Teile mit befonberer Betonung ber Wichtigkeit besfelben (vero).
— tantam] nach bem. Pronomen bemonftrativum folgen auch
bie bemonftrativen Abjektive tantus, talis, tot; für uns ift
tantus in biefem Falle = „groß". — inventum] invenire „auf
etwas kommen, es erreichen"; incredibilem cursum „bie un«
glaubliche Schnelligkeit ber Fahrt". — inaudita quaedam] wie
§ 23 novo quodam terrore. — amoenitas] „bie Schönheit
einer Gegenb"; benn amoenus wirb nur von Örtlichkeiten gebraucht. — nobilitas] „bie Berühmtheit, ber berühmte Name".
— signa] barunter finb Bilbfäulen zu verftehen, unter tabulae
Gemälbe; ornamenta finb überhaupt Gegenftänbe, welche zur
Ausftattung unb Ausfchmückung bienen, „Kunftgegenftänbe".

§ 41. delapsum] nicht „vom Himmel gefallen", fonbern
„vom Himmel gekommen"; delabi wirb bei Dichtern regelmäßig vom Herabfchweben ber Götter gebraucht; z. B. bei Ovib
Metam. I 212 fagt Jupiter: summo delabor Olympo. —
fuisse] wie est am Anfange eines Sates, fo ift auch hier fuisse
feiner Stellung nach verfichernb: „baß es wirklich . .". —
homines Romanos] „Römer"; fo auch homo Graeous u. ä.
— lucem afferre] lux ift bie Helle, bie von einem leuchtenben
Körper ausgeht, übertragen = „Glück unb Segen"; vgl. § 83;
wir können im Deutfchen bas Bilb beibehalten: „ber Glanz . .
über jene Völker fein Glück bringenbes Licht zu verbreiten".
— aditus] ber Plural, wie oben § 13 adventus, in Bezug
auf mehrere. — principibus] „vor ben erften Männern".

§ 42. iam] „ferner". — dicendi gravitate] gravitas dicendi bezeichnet bas würbevolle Auftreten eines Rebners, copia

dicendi bie Fülle ber Berebſamkeit. — putatis] wie oben § 26
putetis, „muß". — sanctissimam] „im höchſten Grabe zuver-
läſſig". — pugnantes . . victi] im Deutſchen Subſtantive mit
Präpoſitionen. — hoc tantum] vgl., oben § 40. — nostrae
memoriae] „unſerer Zeit".

Kap. 15. § 43. multum] gehört.trotz ſeiner auffallenden
Stellung auch zu in imperio militari. — ea re] „in bieſer
Hinſicht". — pertinere] pertinet aliquid ad aliquid „erſtreckt
ſich bis zu, hat Einfluß auf"; vehementer ein ſtarkes „ſehr".
— ut . . ament] im Deutſchen ſind bie Verba alle ſubſtantiviſch
zu geben. — opinione] „Einbildung" (oben § 23 ſogar =
„Wahn"); ber Gegenſatz bazu iſt ratio certa „ein beſtimmter
Grund", ber auf Thatſachen beruht. — iudicia fecistis] bieſe
iudicia ſind in ben Thatſachen enthalten, baß bas römiſche
Bolk bem Pompejus oft wichtige Ämter übertragen unb ihn
burch ſein Vertrauen ausgezeichnet hat; ben Plural iudicia
brücken wir burch Beifügung von „öfters" zum Singular aus.

§ 44. Hier folgt ſofort ein Beiſpiel, in welcher Weiſe
bas römiſche Bolk praeclara iudicia de Pompeio fecit. —
illius diei] bezieht ſich auf bie lex Gabinia, burch welche bem
Pompejus ber Oberbefehl im Seeräuberkrieg übertragen wurbe.
— cum] = quo; benn cum iſt ber Lokativ zum Relativum.
— templis] gemeint ſinb bie zu ben Tempeln.führenben Stufen,
bie bicht beſetzt waren; benn von bieſen aus konnte man auf
bie Rebnerbühne ſehen. — ut non dicam] Figur ber Präteritio. — aliorum exemplis] „von anbern entnommene Beiſpiele".
— qui] gehört nur zum Relativſatz, = „er". — vilitas an-
nonae] „Sinken bes Marktpreiſes"; annona iſt bas, was auf
ben Markt (ad nonas) gebracht wirb. — ex] „nach", bezeichnet
immer bie unmittelbare Folge. — unius hominis spe ac
nomine] unius hominis iſt Genetivus objektivus zu spe unb

Genetivus possessivus zu nomine; überseße: „burch bie Hoff=
nung, welche man . . seßte".

§ 45. ex eo proelio] „in ber Schlacht"; aber im Latei=
nischen steht bie Konstruktion auf bie Frage woher?, während wir
wo? fragen. — invitus] „nur ungern". — opes animique]
„bie Macht unb ber Mut". — ad ipsum discrimen eius tem-
poris] „auf ben entscheibenben Augenblid", b. h. gerabe zu
rechter Zeit. — fortuna] benn bie Größe Roms beruht auf
ber virtus unb bet fortuna. — inflatum] „aufgeblasen", b. h.
„hochmütig". — ipso] „schon burch . ."; rumore, näml. baß
er kommen werbe.

Kap. 16. § 46. declarat] „zeigt, läßt schließen auf". —
longinquis . .] während longinquis bie weite Entfernung angiebt,
beutet diversis auf bie Lage in entgegengeseßter Richtung hin, =
„welche . . so weit auseinanber liegen." — noster] „von uns",
nämlich Quintus Cäcilius Metellus mit bem Beinamen Kretikus.
— ei] ist ebensowohl auf dixerunt, wie auf dedere zu beziehen. —
ii] im Griechischen οἱ δέ: „während . .". — erat molestum] „un=
angenehm war"; so besonbers in ber Berbinbung nisi molestum
est. — iudicari] „. . angesehen wissen". — hanc auctorita-
tem] Subjekt zu valituram esse, nachbrüdlich vorangestellt.
— existimetis] wie § 42 putatis: „muß".

§ 47. reliquum est] vgl. zu § 27 restat ut. — prae-
stare] praestare aliquid „einstehen für", de se ipso „bezüglich
. . Person". — meminisse]« im Geiste, während commemorare
ber Ausbrud bes meminisse burch Worte ist. — timide et
pauca] Berbinbung von Abverb unb Abjektiv, häufig im Grie=
chischen, z. B. καλῶς καὶ ἀληθῆ λέγεις; timide „bescheiben",
pauca „nur weniges". — virtutem . . fortunam] vgl. zu § 45
fortuna. — fuit . . adiuncta] „ist beigegeben gewesen", Zu=
stanb in ber Bergangenheit (vgl. oben § 32 clausum fuisse);

überſetze: „. . hat beigeſtanden". — ad amplitudinem et ad gloriam] ſind durch Gerundive zu erweitern, etwa amplificandam; vgl. § 46. — de felicitate] „was . . betrifft". — hac moderatione dicendi] „einer ſo maßvollen Sprache". — non ut] wie auch vix ut, nihil ut, weil die Negation betont iſt. — videamur] Paſſiv von video: „baß man ſieht, baß wir , .". — ne] wie oft = „denn ſonſt . .". — invisa] inviderent di, si in Pompei potestate fortunam positam esse dicerem, ingrati videremur esse, si praeterita non meminissemus.

§ 48. domi militiae] hier iſt die urſprüngliche aſyndetiſche Zuſammenſtellung erhalten, während in terra marique die ſpäter übliche Verbindung mit que angewandt iſt. — ut] „wie". — voluntatibus] Plural des Abſtraktums: „Äußerungen des Willens" = „Wünſchen". — assenserint] Perfekt zu assentior; die aktive Form iſt der Konzinnität mit den andern Perfekten (gesserit, obtemperarint u. ſ. w.) zuliebe gebraucht. — venti tempestatesque] „Wind und Wetter". — obsecundarint] ein ſeltenes Wort, paßt aber gut zu venti, da man, auch in übertragener Bedeutung, von venti secundi ſpricht. — tacitus] ſo baß es niemand hörte. — proprium ac perpetuum] auch bei Livius 22, 37, 5 verbunden: „dauerndes Eigentum" (beachte die Alliteration!). — sicuti facitis] „wie ihr bereits . .".

§ 49. praeficere] „betrauen". — dubitatis] Frage ohne Fragewort, was ſich ſelten und nur in lebhafter Rede (als rhetoriſche Frage) findet. Die Frage hat einen verneinenden Sinn; daher folgt quin, was auch nach non dubitare „kein Bedenken tragen" geſetzt wird, wenn auch der Infinitiv Regel iſt. — hoc tantum boni] „dieſen großen Vorteil". — amplificandam] amplificare bezieht ſich nicht ſowohl auf die Erweiterung der Grenzen des Reiches, als auf die Erhöhung des Anſehens des römiſchen Volkes.

Kap. 17. § 50. ad tantum bellum] magnus oft = „wichtig, bedeutend"; daher auch tantum bellum „ein so . . Krieg". — erat deligendus] der Indikativ im Nachsatz des irrealen Bedingungssatzes, weil die Folge nicht irreal ist; denn Pompeius erat et est deligendus. — nunc] wie § 27 nunc vero zur Einführung der Wirklichkeit gegenüber dem Irrealis si Romae privatus esset. — opportunitas] „die glückliche Fügung", utilitates „Vorteile". — qui habent] näml. exercitum; wir können im Deutschen das Objekt nicht entbehren: „die ein solches . .". — cur non] statt des üblicheren quidni, welches immer mit dem Konjunktiv verbunden wird und regelmäßig in Fragen der Verwunderung steht. — summa cum salute] im Deutschen eine andere Präposition. — bellum regium] übersetze das Adjektiv durch das entsprechende Substantiv mit Präposition.

§ 51. at enim] ἀλλὰ γάρ, „aber . . ja"; at leitet einen Einwurf ein, enim die Begründung dazu; der Einwurf selbst ist unterdrückt, weil er sich leicht aus dem Zusammenhang ergiebt: „aber es darf dies (ut bellum regium Pompeio committamus) nicht sein; denn , .". — beneficiis] beneficia sind die Ehrenämter, welche das römische Volk nach freiem Ermessen vergiebt, beneficia amplissima die angesehensten, einflußreichsten, wie Konsulat und Censur. — ornamentis] „Auszeichnungen"; übersetze die Genetive mit der Umschreibung „welche . . bringt"; fortunae geht auf das Vermögen, ingenii auf die rednerische Begabung. — ab hac ratione] „mit diesem Plane", näml. ut . . committamus. — in hac causa] „im vorliegenden Falle". — auctoritates contrarias] „entgegengesetzte Ansichten"; zu contrarias denke auctoritati Catuli et Hortensii. — cognoscetis] „ihr werdet zwar Kenntnis nehmen von . ."; das cognoscetis weist auf § 68, wo die auctoritates contrariae aufgeführt

werden. — omissis] überſetze: „wir wollen abſehen von . .
und . .“. — ipsa re ac ratione] „allein durch Gründe, die in
der Sache liegen“ (re ac ratione Hendiadyoin). — vera esse
concedunt] „ſie geben die Wahrheit . . . zu“. — et] füge ein
„nämlich“ vor „daß“ ein; denn der Akk. c. inf. enthält die
nähere Ausführung von omnia, quae a me dicta sunt.

§ 52. unum dignissimum] unus „einzig, unvergleichlich“
dient zur Hervorhebung des Superlativs. — obsolevit] „hat
ſich überlebt, iſt bedeutungslos“. — ista oratio] „dieſer Einwurf“; istá, weil er von einem Gegner kommt. — graviter
ornateque] erſteres bezieht ſich auf die Gedanken, letzteres auf
die Darſtellung: „in nachdrücklicher und wohlgeſetzter Rede“. —
promulgasset] legem promulgare heißt „einen Geſetzesvorſchlag
veröffentlichen“; dieſe promulgatio mußte 17 Tage vor der Be-
ratung ſtattfinden (ein ſogenanntes trinundinum = drei Markt-
tage, $1 + 7 + 1 + 7 + 1$, wobei mit 1 die nundinae,
mit 7 die zwiſchen den nundinae liegenden Wochentage bezeichnet ſind).

§ 53. quid?] damit geht der Redner zur Widerlegung
über. — tum] gehört zu si valuisset. — vera causa] „der
wahre Sachverhalt“ = „das wirkliche Intereſſe“. — legati]
vgl. § 32. — ex omnibus provinciis] iſt mit commeatu zu
verbinden; commeatus von commeare bezeichnet das Ab- und
Zugehen, den Verkehr.

Kap. 18. § 54. non dico] „ich will nicht ſagen“,
andere Form der Präteritio als in § 44. — tenuisse] die
ἀρχή, „das Reich“ der Athener, umfaßte faſt das ganze Meer
öſtlich von Griechenland bis zum Schwarzen Meere und den
phöniziſchen Gewäſſern. — ad nostram memoriam] wie § 42
nostrae memoriae. — disciplina navalis] „Kenntniſſe im Seeweſen“; doch gehört navalis auch zu gloria. — tenuis] eigentlich

„bünn“, bann „unbebeutenb“. — aut aliquam] „ober überhaupt
einen . .“. — aliquot annos continuos] Akkuſativ ber Dauer:
„einige . . nacheinanber“. — invictum] Präbikatibum. — ac]
verbeſſernb: „ober vielmehr“. — dignitatis] „beſ Anſehens“. —
caruit] „hat entbehren müſſen“.

§ 55. in maritimis rebus] „im Seeweſen“. — ii] nimmt
baſ nos noch einmal nachbrüdlich auf (bleibt unüberſetzt!); ebenſo
iidem im folgenben Satze. — salvos praestare] wie aliquid
praestare bebeutet „für etwas einſtehen“ (vgl. § 47), ſo aliquid
salvum praestare „für baſ Wohl von etwas einſtehen“. —
quo . . commeabant] Abverb ſtatt beſ Pronomens; quo ſteht
bei commeare wie in urbem bei advenire: „wo alle . . ver-
kehrten“. — referta . ., parva, sine muro] näml. cum esset,
in konzeſſivem Sinne. — carebamus] wie caruit in § 54. —
in . . locum] auf bie Rebnerbühne, rostra, bie ſogar ihren
Namen ben exuviae nauticae, b. h. was man ben Feinben in
ber Seeſchlacht abgenommen hatte, verbankte. — cum eum] wir
gebrauchen bafür einen Relativſatz.

Kap. 19. § 56. bono animo] wie man ſagt bona
fide, „in guter Abſicht“. — existimavit] wegen beſ folgenben
tamen füge bei ber Überſetzung ein „zwar“ zum Hauptverbum.
— in salute communi] im Deutſchen ein ganzer Satz: „wo
eſ ſich um . . hanbelte“. — ut . . videremur] videremur wie
in § 47 Paſſiv zu video: „baß man ſah, baß wir . .“. —
vere] gehört zu imperare, „baß wir in Wahrheit . .“.

§ 57. indignius] indignum bebeutet „unwürbig, empörenb“, letzteres beſonbers in Urteilen unb Ausrufen (z. B. indignum facinus „empörenb!“). — obtrectatum esse] von ob
unb trahere „am entgegengeſetzten Strang ziehen, entgegen-
arbeiten. — anne] „ober“, ein verſtärktes an. — legaretur]
„als Legat . . würbe“. — expetenti ac postulanti] Henbiabyoin;

bie Partizipien verhalten sich konzessiv zum regierenden Verbum.
— idoneus] „imstande“, „würbig“. — impetret] auch bazu
gehört legatum, quem velit. — salus ac dignitas] „Existenz
und Ansehen“. — periculo] „auf seine Gefahr“, ba der lator
legis bie ganze Verantwortung auf sich nehmen muß.

§ 58. an . .] ber erste Satz wirb im Deutschen unter-
geordnet: „wenn . .“; baraus geht hervor, baß an eigentlich zum
zweiten Satze gehört: an in uno Gabinio.. . . — diligentes]
ist „pebantisch genau“, sunt diligentes in „sie nehmen es genau
bei . .“. — praecipuo iure esse] „ein Vorrecht genießen“. —
ad senatum relaturos] consul refert ad senatum bezeichnet
ben Vortrag bes Konsuls im Senate. — gravabuntur] gravari
„etwas lästig finden, Schwierigkeiten machen“. — me relaturum]
in seiner Eigenschaft als Prätor; als solcher hatte er bas ius
agendi cum patribus. — cuiusquam] gemeint können nur bie
Konsuln sein; benn außer ihnen hat niemanb bas Recht, bem
Cicero bas referre ad senatum zu verbieten. — vestrum ius
beneficiumque] „bas von euch verliehene Recht unb . .“; ius:
näml. legandi sibi, quem velit. — praeter intercessionem] von
seiten eines Volkstribunen. — de qua] beginne im Deutschen
einen neuen, abversativ angefügten Satz. — adscribitur] „wirb
neben Pompejus genannt“; socius Präbikativum bazu.

Kap. 20. § 59. auctoritate et sententia] beliebtes
Henbiabyoin: „gewichtige Stimme“. — si . ., si quid] im Deutschen burch „unb“ zu verbinben; im Lateinischen ist bas Asynbeton
ber Bebingungssätze notwenbig, weil ber zweite ben ersten zur Vor-
aussetzung hat. — eo] Ablativ; benn man sagt quid te faciam?
„was soll ich mit bir machen?“. — in quo] Fragesatz, abhängig
von quaereret. — fructum] von frui, also „Genuß, Lohn“. —
integritate tueri] in ber Reinheit ber Absichten bes Katulus liegt
ber beste Schutz für jebe Sache, bie er unternimmt, — quod]

baß başu gehörige Verbum ift unterbrüdt: „baß idh meine, baß
ber Staat . .".

§ 60. at enim] vgl. şu § 51, = „aber baß ja nidhtß . .";
ber şu at şu bentenbe Saş lautet etwa: bellum ad Pompeium
transmittendum non est; şu enim ergänşe cavendum est. —
exempla] Vorgänge, wie fie früher şugelaffen wurben; bie
Warnung beß Ratuluß entfpridht bem Gebraudh beß römifdhen
Volfeß, baß überall nadh exempla, Präşebenşfällen, fragt. —
parnisse] „Rüdfidht genommen haben". — casus temporum]
„neue Vorfommniffe, wie fie bie Zeiten mit fidh bringen". —
novorum consiliorum rationes] „bie Beredhnungen neuer
Pläne", b. h. „neue Maßnahmen". — nuper] beşeidhnet wie
νεωστί balb längere, balb türşere şeitlidhe Zwifdhenräume; bie
erwähnten Greigniffe fallen ungefähr 40 Jahre früher. —
summa . . voluntate] „mit voller Zuftimmung".

Rap. 21. § 61. privatum] „alß Privatmann". —
difficili . . tempore] „in . . Lage". — ductu suo] im Bürger-
triege unter Sulla hatte Pompejuß şwar nodh tein imperium,
aber bie Leitung beß Krieges. — a senatorio gradu] „Rang
eines Senatorß", weldher mit ber Betleibung ber Duäftur erlangt
wurbe; Duäftor tonnte man erft im 30. Lebensjahre werben,
Pompejuß aber war bamalß erft 24 Jahre alt. — fuit . . in-
nocentia] „er bewieß . .". — deportavit] auß ber Provinş
nadh Rom; biefe Bebeutung liegt in deportare. — vidit] „hat
erlebt". — omnium] abjettivifdh şu überfeşen: „mit allgemeiner
Teilnahme . .".

§ 62. tam inusitatum] näml. factum est. — pro consule]
an Stelle eines Ronfulß, alß Protonful. — se suâ sententiâ
mittere] im Deutfdhen wirb sententia şum Subjett: „fein Antrag
beşwede . . şu fdhiden". — pro consulibus] wişige Ausbehnung
beß Begriffß pro consule auf ben Plural, ba nadh ber Über-

lieferung bie beiben Konfuln bes Jahres sich weigerten, ben
Krieg gegen Sertorius zu übernehmen, somit Pompejus thatsächlich pro consulibus geschickt wurde. — rei publicae bene
gerendae] „baß er . . werbe"; rem publicam bene (male)
gerere ist ständiger Ausbruck für „seine Aufgabe gut (schlecht)
lösen, Glück (Unglück) haben bei ber Ausführung eines öffent-
lichen Auftrags". — legibus solutus] ut legibus solveretur et
consul ante fieret quam . .; leges sinb bie gesetzlichen Be-
stimmungen bezüglich bes Alters ber Kanbibaten, welche sich
um Quästur, Prätur, Konsulat u. s. w. bewerben. — per leges
licuisset] licet per leges „bie Gesetze erlauben".

§ 63. exempla] vgl. zu § 60. — profecta sunt] „sinb
ausgegangen von . ., sinb geschaffen von . .". — auctoritate]
bas Abstraktum für bas Konkretum: „auf Veranlassung bes . .
unb ber übrigen . . gleichen Ranges".

Kap. 22. videant] Catulus et ceteri eiusdem dignitatis
viri. — non ferendum] bilbet einen Begriff; baher et non
unb nicht neque. — auctoritatem] „Antrag, Wille". — suo
iure] mit bem ihm zukommenben Rechte, „mit vollem Rechte". —
vel] „wenn es sein muß"; benn vel (als Jmperativ von velle)
setzt ben Fall. — iisdem istis reclamantibus] „trotz bes Wiber-
spruches . .". — quem] „um ihn . .".

§ 64. temere] „unüberlegt, leichtfertig". — recte] wie
inique comparo heißt „ich thue unrecht, wenn ich vergleiche", —
so recte conantur „sie haben recht, wenn sie . .". — regere]
im Sinne von corrigere, „richtiger zu lenken". — plus vidistis]
plus videre in re publica „einen tieferen politischen Blick zeigen".
— vos] erklärenbes Asynbeton, wir orbnen unter: „inbem ihr . .".
— iis repugnantibus] im gleichen logischen Verhältnis zum
Präbikat wie § 63 reclamantibus. — aliquando] „enblich
einmal". — principes] so heißen Katulus unb Hortensius als

Führer der Aristokraten; wir sagen etwa: „diese Herren". — et
sibi et ceteris] die Dative zur Bezeichnung der thätigen Person
beim Gerundium können trotz des Objekts auctoritati bleiben,
weil eine Zweideutigkeit ausgeschlossen ist; anders verhält es sich
mit § 6 quibus est a vobis consulendum. — parendum esse]
parere „sich fügen". — Asiatico et regio] „welcher in .. mit
, , geführt wird". — virtutes animi] der Zusatz animi ist
nötig, weil es auch virtutes corporis giebt. — multae] dies ist
ungewöhnlich dem magnae nachgestellt, dadurch aber besonders
hervorgehoben; üblich ist multae et magnae. — requiruntur]
„werden verlangt". — interiorum nationum] interiores natio-
nes sind Völkerschaften, welche gegen das Innere des Landes,
vom Meere entfernt wohnen. — qui] ist Pronomen indefinitum.
— pudore ac temperantia] pudet eos aliquid mali commit-
tere et sibi temperant; moderatiores sunt „sie zeigen infolge
ihrer .. und .. größere Mäßigung". — cupidorum] cupidus
ohne Zusatz bezeichnet den, der seiner Leidenschaft nachgiebt;
hier ist die Leidenschaft der Habsucht gemeint: „habgierig".

§ 65.   quanto in odio simus] Passiv zu odisse. —
libidines] Plural des Abstraktums wie § 48 voluntatibus,
„Akte der Willkür", „willkürliche Handlungen". — magistrati-
bus] „für unsere Beamten" = „in den Augen unserer Beamten".
— sanctam] „unverletzlich, unantastbar". — requiruntur] „man
fahndet förmlich nach ..". — belli causa inferatur] wie man
bellum inferre sagt, so hier belli causam inferre = „nach
einem Anlaß zum Kriege suchen".

§ 66.   coram] „unter vier Augen", wo man sich aus-
sprechen kann. — vulnera] in übertragener Bedeutung, =
„Verletzung, Kränkung". — hostium simulatione] cum simu-
latis vos exercitum adversus hostes mittere: „angeblich
gegen .., thatsächlich aber gegen ..". — non modo, sed] „ich

Ciceros Reden I. Kommentar.   4

will nicht sagen . ., sondern auch nur . .“; mit dieser Formel
steigt man vom Wichtigeren zum minder Wichtigen herab. —
animos ac spiritus] der Plural von einem Tribunen, weil an
die einzelnen Äußerungen des animus ac spiritus gedacht wird;
so sagt auch Cäsar Bell. Gall. I 33, 5 Ariovistus tantos sibi
spiritus sumpserat; übersetze: „welche für den Hochmut und
die Aufgeblasenheit . . .“; capere „groß genug sein“; vgl. was
Philippus zu Alexander sagte: „Macedonia te non capit“.

. . Kap. 23. quem] Pronomen indefinitum, wie qui in
§ 64. — collatis signis] „im offenen Kampfe“; denn signa
conferuntur, cum proelium incipitur. — idem] „zugleich ein
Mann“. — gazaque] gaza ein persisches Wort = „Schatz“. —
animum] „Gedanken“; es ist das Höchste, was man verlangen
kann, daß jemand nicht einmal die Habe des andern sich wünscht
oder begehrt. — ad bellum] „in den Krieg . .“.

  § 67. ecquam] von ecquis, welches = numquis ist.
— pacatam fuisse] Zustand in der Vergangenheit: „in Frieden
gelassen wurde“. — pacata esse videatur] „friedlich“, d. h.
nicht auf dem Kriegsfuß mit Rom, — animi continentiam]
der Zusatz animi erscheint uns unnötig, doch spricht der Lateiner
auch von timor animi u. ä. — classium nomine] „mit ihren
sogenannten Flotten“; was sie an Schiffen hatten, nannte man
wohl Flotte, es war aber thatsächlich keine solche. — accipien-
dis] detrimentum (cladem u. s. w.) accipere „. . erleiden“;
löse auf: „als daß wir . . erlitten und so nur noch . .“. —
cupiditate] wie § 64 cupidorum, bezieht sich auf die Habgier
der Beamten: — iacturis . . condicionibus] Geldopfer mußten
diejenigen bringen und mancherlei Bedingungen sich gefallen
lassen, welche eine Provinz verwalten wollten; es war daher
so zu sagen selbstverständlich, daß sie auf möglichst reichen
Erwerb in den Provinzen bedacht waren. — videlicet] ironisch;

benn fie wiffen es fehr wohl, — alienis vitiis] „burch bie Fehler
anberer.".

§ 68. nolite dubitare, quin] über quin nach non dubitare
„fein Bebenfen tragen" vgl. zu § 49. — inter tot annos] feltener
Gebrauch ber Präpofition inter = „im Berlauf..".— quem
..venisse] = qui cum venit,. „über ben fich .. freuen, wenn
er .. fommt". — auctoritatibus] vgl. oben zu § 51. —
tantae] präbifativ. — auctor ... nemo] im Deutfchen abftraft
zu wenben: „baß feine Autorität euch mehr beftimmen barf". —
maximisque rebus gestis] bazu paßt praeditus nicht; biefes
ift burch bie folgenben Ausbrücke ingenio et prudentia veranlaßt; überfetze: „welcher .. hervorragt". — pro] „gemäß,
entfprechenb, wie man fieht aus ..".

Kay, 24. § 69. legem] „Gefetzesvorfchlag"; benn zum
wirflichen Gefetz fehlt noch bie Zuftimmung bes Volfes. —
voluntatem .. sententiam] voluntatem: ut ad Pompeium
deferatur imperium; sententiam: te tam bene de re publica
sentire, alfo „Abficht unb Gefinnung". — auctore populo
Romano] Cicero erfennt aus ber ganzen Haltung bes Volfes
beffen Zuftimmung zur lex Manilia. — de re] aus ben Sym-
pathiebezeugungen bes römifchen Volfes fann man auf ben
Erfolg ber lex fchließen, alfo: „weshalb follten wir an bem
Erfolg unb ber Möglichfeit, unfer Ziel zu erreichen, zweifeln?"
— hoc beneficio] finbet fofort feine Erflärung burch hac potestate praetoria. — polliceor ac defero] „verfpreche ich unb
biete an".

§ 70. loco temploque] Henbiabyoin: „biefer geweihten
Stätte"; gemeint ift bas Forum mit ber Rebnerbühne; benn
unter templum verfteht man jeben unter religiöfen Ceremonieen
für ftaatliche Zwecke abgegrenzten Raum. — neque quo] neque
eo quod = „auch nicht, weil ich etwa glaube ..."; bas zweite

neque quo ift = nèque ut eo, „um daburdj . .". — am-
plitudine] „aus ber einflußreidjen Stellung". — periculis]
Datio, auf bas Verbum bezogen, an Stelle bes Genetios; ebenſo
nadjher honoribus: „gegen Gefahren .. zur Erreidjung von . ."
— ut ..] „foweit ein Menſch bafür einſtehen fann". — laborio-
sissima ratione vitae] ber höchſt anſtrengenbe Beruf als Sach-
walter ſoll ihn zu ben höchſten Stufen ber Ämter führen.

§ 71. mihi] ſtatt a me, öfters beim Perfekt bes Paſſios. —
tantum abest] „weit entfernt, baß . ., ſehe ich vielmehr ein . ."
— bonam gratiam] ber in gratia ohnehin ſchon enthaltene Begriff bes „Günſtigen" wirb burdj bona nodj geſteigert. —
statui] „bin zu ber Anſicht gekommen". — commodis et ratio-
nibus] „Vorteile unb Intereſſen".